Hallo liebe Schülerin, lieber Schüler,

Vokabeln lernen macht Spaß!

Die *99 Wortschatzübungen* sind genau das Richtige für dich, wenn du mit *Découvertes Série jaune* arbeitest. Sie ermöglichen dir, den Wortschatz deines Schülerbuches in der Reihenfolge der *Unités* systematisch zu wiederholen. Die Vokabeln werden in vielen spielerischen Aufgabenformen geübt (Bilderrätsel, Wortgitter, Zuordnungsübungen, Multiple-Choice ...). Viele nützliche Tipps machen das Üben und Lernen leichter und erfolgreicher und helfen dir selbstständig zu arbeiten. Die Lösungen am Ende des Heftes erlauben außerdem eine zuverlässige Kontrolle deiner Ergebnisse.

Im *Tu te rappelles*-Kästchen kannst du am Anfang jeder *Unité* den Wortschatz der vorigen Unité wiederholen. Und am Ende jeder *Unité* kannst du mithilfe einer *Tout compris*-Seite deinen Wortschatz noch einmal kurz testen. Im *Stratégie*-Kästchen findest du außerdem weitere Lerntipps, die dich bei der Vokabelarbeit unterstützen.

Viel Spaß dabei!

Die Autoren

Découvertes Band 1

Découvertes Band 2

1 Un mot mystère

A *Regarde les dessins et trouve les mots. (Schreibe die Wörter in das Kreuzworträtsel und finde das Lösungswort.)*

1. 

2. 

3. 

4. 

5. 

6. 

1. un

2. un

3.

4. une

5. un

6. un

Mot mystère: ___ ___ ___ ___ ___ ___ (1 2 3 4 5 6)

B *Complète maintenant les phrases avec les mots de l'exercice.*
(Ergänze nun die Sätze mit den Wörtern aus dem Kreuzworträtsel.)

1. Malabar est un ________________ ? – Mais non, c'est un ________________ .

2. Léo est un copain d'Alex? – Oui. Alex est une ________________ de Léo.

3. Alex est un ________________ ? – Mais non, Alex est une ________________ .

4. Mme Latière est un ________________ ? – Mme Latière? C'est une dame!

5. Tu es de ________________ ? – Non, je suis de Berlin.

2 C'est [ɔ̃], [ɑ̃] ou [ɛ̃]?

A *Entoure les nasales [ɔ̃], [ɑ̃] ou [ɛ̃] des mots, puis écris les mots dans la bonne colonne du tableau. (Kreise die Nasale folgender Wörter ein und schreibe die Wörter in die richtige Liste.)*

TIPP
Sprich dir die Wörter laut vor.

garçon | pardon | copain | bonjour | chien | fantastique | bien | comment | attention

[ɔ̃] wie Manon	[ɑ̃] wie Clément	[ɛ̃] wie Romain
________	________	________
________	________	________
________	________	________
________	________	________

3 Huit mots

Trouve les huit mots dans la grille.
(Findest du die acht Wörter in dem Gitter? Schreibe diese auf.)

B	I	Z	A	R	R	E	W	P	O	M
J	M	Y	A	G	H	Z	C	W	B	E
A	F	X	G	T	Y	M	U	E	M	R
O	S	F	Z	K	J	A	L	B	V	C
U	D	A	U	S	S	I	R	I	C	I
I	M	G	H	K	A	S	V	E	Q	T
D	B	E	H	K	S	Q	B	N	D	R
B	I	F	S	U	P	E	R	L	T	A

TIPP
Suche senkrecht ↕ und waagerecht ⟷ !

1. aber ______
2. gut ______
3. komisch ______
4. hier ______
5. toll ______
6. danke ______
7. ja ______
8. auch ______

4 Bizarre, bizarre ...

Qu'est-ce que tu dis dans les situations suivantes? (Was sagst du in folgenden Situationen? Kreuze an.)

1. Du möchtest jemanden vor einer Gefahr warnen. ☐ Pardon ☐ Comment? ☐ Attention!
2. Du findest etwas komisch. ☐ C'est fantastique! ☐ Pardon! ☐ C'est bizarre!
3. Du sagst: «Komm schnell!». ☐ Viens vite! ☐ Ça va? ☐ Viens ici!
4. Du verabschiedest dich. ☐ Merci. ☐ Au revoir. ☐ Comment?
5. Du begrüßt einen Freund. ☐ Salut! ☐ Voilà! ☐ Qui est-ce?

5 Un peu de maths ...

Quel nombre suit logiquement dans les chaînes suivantes?
(Welche Zahl folgt in der Zahlenreihe? Vervollständige die Liste.)

1. un – deux – trois ... 4
2. deux – quatre – six ... ______
3. un – trois – cinq ... ______
4. onze – neuf – sept ... ______
5. trois – six – neuf ... ______
6. douze – onze – dix ... ______

Tout compris?

A *Relie les mots qui riment. (Verbinde die Wörter, die sich reimen.)*

1. un garçon — **a)** Clément

2. bien — **b)** un chien

3. Comment? — **c)** Attention!

B *Trouve huit mots et ajoute l'article indéfini* ***un*** *ou* ***une****. (In dieser Buchstabenkette haben sich acht Nomen versteckt. Kreise sie ein und schreibe sie mit dem unbestimmten Artikel* ***un*** *oder* ***une*** *auf.)*

MONSIEURDCHATAGARÇONCHIENMPAPAIFILLEECOPAINNDAME

1. un ____________ **5.** ____________

2. ____________ **6.** ____________

3. ____________ **7.** ____________

4. ____________ **8.** ____________

C *Coche la bonne traduction. (Kreuze die richtige Übersetzung an.)*

1. Ist Nicolas aus Paris?
- [ ] Nicolas est de Paris?
- [ ] C'est Nicolas?
- [ ] Nicolas est à Paris?

2. Guten Tag, Frau Lenoir.
- [ ] Salut, madame.
- [ ] Bonjour, madame.
- [ ] Au revoir, madame

3. Da ist Nathalie.
- [ ] C'est Nathalie.
- [ ] Ça va, Nathalie?
- [ ] Voilà Nathalie.

4. Auf Wiedersehen, Marie.
- [ ] Bonjour, Marie.
- [ ] Au revoir, Marie.
- [ ] Viens vite, Marie.

5. Zoé ist eine Freundin.
- [ ] Zoé est une fille.
- [ ] Zoé est une copine.
- [ ] Zoé est une dame.

6. Wie geht's?
- [ ] Moi aussi.
- [ ] Viens!
- [ ] Ça va?

D *Trouve le bon chiffre. (Schreibe die richtige Summe aus.)*

1.  +  = cinq ____________

2.  +  = ____________

3.  +  = ____________

4.  +  = ____________

STRATEGIE

Wenn du neue Wörter lernst, schreibe die männlichen Nomen immer blau (Maskulinum) und die weiblichen immer rot (Femininum) in dein Vokabelheft.

TU TE RAPPELLES?

→ Unité 1

1. Komm Papa! Schnell!	______ papa! Vite!
2. Guten Tag! Ich heiße Marie.	Bonjour, je ______ Marie.
3. Pass auf Moustique! Nein!	______, Moustique! Non!
4. Das ist Moustique!	______ Moustique!
5. Ich, ich bin Marie. Und du?	Moi, je suis Marie. Et ______?
6. Wie geht's?	______?
– Es geht mir gut, danke!	– Oui, ça va bien, ______.
7. Léo ist aus Paris.	Léo ______ de Paris.
8. Marie ist auch aus Paris.	Marie est de Paris ______.
9. Ist Moustique eine Katze?	Moustique est un ______?
– Nein, es ist ein Hund.	– Non, c'est un ______.
10. Guten Tag! (zu einer Dame)	Bonjour, ______!
11. Auf Wiedersehen! (zu einem Herrn)	Au revoir, ______!

6 Les mots en deux

Complète les mots dans le tableau. (Setze die Wörter aus dem Silbenrätsel zusammen und schreibe sie in die Tabelle.)

le sport 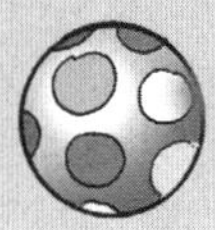	la musique 
le ju do	la tech ______
le fo ______	le ro ______
le vé ______	la chan ______
le rug ______	le ______
la gymnasti ______	la musique classi ______

7 Oui-Non

Trouve les paires. (Finde die Paare.)

un frère | aimer | la maison | Super! | trouver

C'est une catastrophe! | l'école | une sœur | chercher | détester

8 Dans la maison de la presse

Regarde les dessins et écris les mots dans la grille. Attention, il y a un dessin en plus.
(Schau dir die Zeichnungen an und schreibe die Wörter in das Kreuzworträtsel.
Ein Bild ist zu viel. Wie heißt es auf Französisch?)

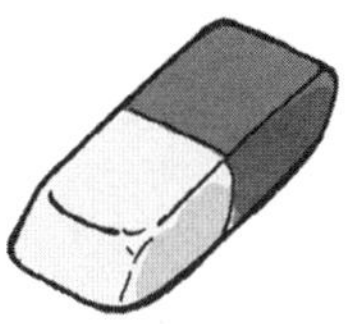

				1	G				
		2			A				
				3	B				
	4				R				
	5				I				
6					E				
	7				L				

Le mot en plus: un __ __ __ __ __ __ __ __

9 Avec un accent?

Où sont les accents et les cédilles? Corrige les mots. Il y a 11 fautes.
(Im Französischen gibt es einige Sonderzeichen, aber der Drucker hat leider nicht alle Akzente und „cédilles" ausgedruckt. Kannst du die 11 fehlenden Zeichen ergänzen?)

Voila madame Latiere, la grand-mere d'Alex. – Bonjour, madame, Alex est la? – Non. – Elle est ou? Elle est a l'ecole? – Non, elle est avec Marie. Elles ecoutent des chansons francaises avec des garcons. – Elles aiment les chansons? – Oui, mais elles detestent la techno.

TIPP

Akzente (´ ` ^) sind eine Besonderheit des Französischen. Präge sie dir gut ein, wenn du die Wörter lernst.
Und vergiss nicht: Eine „cédille" (ç) braucht man nur vor o, a, u, damit es wie [s] ausgesprochen wird.

10 Où sont les verbes?

Trouve les verbes. (Finde die versteckten Verben.)

ansehen suchen tragen ankommen finden eintreten

1. DERRERGA 2. CHHRECER 3. RREPOT 4. RARRIEV 5. OURTREV 6. ENTERR

______ ______ ______ ______ ______ ______

11 Qu'est-ce qu'il fait?

Regarde les dessins et complète les phrases avec le bon verbe. (Schau dir die Bilder an und notiere den Infinitiv des Verbs. Ergänze anschließend die Sätze mit der konjugierten Verbform.)

1. travailler Elles ______ pour l'école.

2. ______ Tu ______ une chanson?

3. ______ Il ______ un livre.

4. ______ L'éléphant ______ dans la maison.

12 Qui est Thomas?

Complète le texte avec les mots suivants. (Vervollständige den Text mit den Wörtern aus der Liste.)

avec aiment dans à sœur sympa grand-mère trouve ami ça rue

1. Léa et Thomas sont frère et ______. Ils habitent ______ une maison ______ Brest dans la ______ Leclerc. Ils habitent là ______ Mme Lebrun. 2. Mme Lebrun est la ______ de Thomas et Léa. 3. Gaspard est l'______ de Thomas et il ______ Léa très ______ … Thomas et Gaspard ______ le sport, mais Léa déteste ______.

Tout compris?

A *Coche la bonne solution.*
(Kreuze an.)

1. Malabar est
- ☐ le chat de Marie.
- ☐ le chien de Mme Latière.
- ☐ le chien de Léo.

2. Alex habite
- ☐ rue Nollet.
- ☐ dans le magasin de Mme Latière.
- ☐ dans la maison de la presse.

3. Jérôme est
- ☐ un copain d'Alex.
- ☐ le frère d'Alex.
- ☐ le frère de Marie.

4. Alex est
- ☐ un garçon.
- ☐ un chat.
- ☐ une fille.

5. Léo parle avec
- ☐ un magasin.
- ☐ une affiche.
- ☐ une dame.

6. Dans le sac de Marie, on trouve
- ☐ un livre.
- ☐ un vélo.
- ☐ une école.

B *Complète le texte en français.*
(Übersetze.)

1. Marie und Alex sind vor dem Geschäft von Mme Latière.	Marie et Alex sont ______________ de Mme Latière.
2. Der Junge ist auf der Straße.	Le garçon est ______________.
3. Der Hund geht in das Geschäft.	Le chien ______________ le magasin.
4. Die Katze ist in einem Karton.	Le chat est ______________.
5. Der Hund sucht die Katze.	Le chien ______________ le chat.
6. Was für eine Katastrophe!	C'est ______________!

STRATEGIE

Wörter merken
Wenn du ein neues Wort lernst, merke es dir am besten im Zusammenhang. Dafür ist die Randspalte des Vokabelverzeichnisses hilfreich. Schreibe einen kurzen Beispielsatz auf. Dann kannst du dir das Wort besser einprägen.

Exemple:
aimer – Tu aimes le rugby?
regarder – Léo regarde une BD.

TU TE RAPPELLES? → Unité 2

1. Das ist ein Geschäft in Paris.	C'est un ______________ à Paris.
2. Léo sieht sich einen Comic an.	Léo ______________ une BD.
3. Ein Mann spricht mit Malabar.	Un monsieur ______________ Malabar.
4. Marie kommt an. Sie sucht Léo.	Marie ______________. Elle ______________ Léo.
5. Das ist ein komisches Ding.	C'est ______________ bizarre.
6. Ah, da bist du ja!	Ah, tu es ______________ !
7. Arbeitest du für die Schule?	Tu ______________ pour l'école?
8. Wir haben Ferien.	On ______________.
9. Lucie ist die Freundin von Anne.	Lucie est ______________ d'Anne.
10. Ich wohne in Paris.	J'______________ à Paris.
11. Was magst du?	______________ tu aimes?
12. Bist du einverstanden?	Tu es ______________ ?

13 Jeu de sons

Complète les mots. (Ergänze die Wörter durch den fehlenden Laut.)

on ôt ~~am~~ en em eau in aim au an ~~on~~ ant ~~ain~~ ~~ô~~

[o]	[ɑ̃]	[ɛ̃]	[ɔ̃]
All *ô* ?	______ vie	______ viter	b *on*
gât______	mainten______	dem *ain*	______ ze
bient______	ch *am* bre	f______	
______ jourd'hui	Fr______ ce		
	ens______ ble		

14 L'anniversaire

Ecris les mots avec l'article indéfini.
*(Finde die Wörter und ergänze mit **un**, **une** oder **des**.)*

TIPP
Du kannst dir Wörter besser merken, wenn du sie in einem Wortnetz zusammenfasst. Lege ein Wortnetz zum Thema Geburtstag an.

1
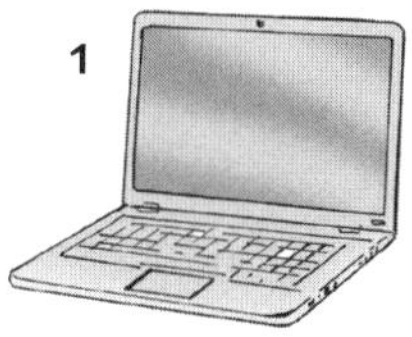
2
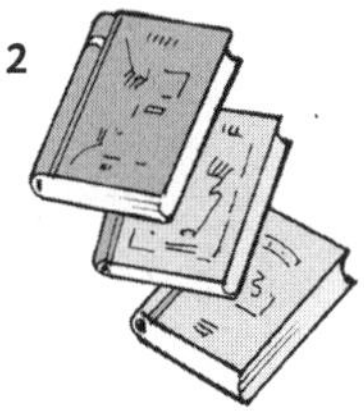
3

5

4

6

7

8

1. un ____________ 2. ____________ 3. ____________ 4. ____________

5. ____________ 6. ____________ 7. ____________ 8. ____________

15 Quand c'est mon anniversaire, ...

TIPP
Merke dir neue Verben immer in Verbindung mit anderen Wörtern.
So kannst du sie dir leichter einprägen.

A *Relie les mots qui vont ensemble. (Verbinde die Wörter, die zusammengehören.)*

1. inviter
2. préparer
3. ranger
4. écouter
5. avoir

douze ans
un gâteau
des CD
ses copains
sa chambre

B *Complète les phrases avec le bon verbe. (Vervollständige die Sätze mit dem passenden konjugierten Verb.)*

1. Quand c'est mon anniversaire, je ____________ ma chambre et maman ____________ un gâteau.
2. Quand le gâteau est là , j'____________ mes amis.
3. Quand mes amis arrivent, ils ____________ «Joyeux anniversaire».
4. Quand on chante, je ____________ les bougies sur le gâteau.
5. Et quand nous avons faim, on ____________ le gâteau. Mmm ...

16 Voilà ma famille!

C'est moi! Je suis Nathan. Et voilà ma sœur Léa. Nous sommes les enfants d'Anne et de Laurent. Alors, Anne et Laurent sont nos (1). Le (2) de mon (3), c'est mon oncle Marc. Mon oncle Marc et ma (4) Sylvie ont aussi deux enfants, mes (5) Damien et Maxime. Les parents de mon père et de mon (6), ce sont mes (7). Mon (8) s'appelle Pascal et ma (9) s'appelle Yvonne. Alors, Yvonne, c'est la (10) de mon père. Ma (11) Léa est la (12) de Damien et Maxime. Et mon frère Quentin, il prend la photo!

A *Nathan présente sa famille. Lis le texte et complète les mots croisés.*
(Lies den Text und löse das Kreuzworträtsel.)

10 →						8 →						–				
		3 ↓		6 →							11 ↓					
			4 ↓	1 →												
									5 →							
7 →							–									
								12 →								
							2 →									
					9 →						–					

B *Ecris maintenant les chiffres à la bonne place dans le dessin.*
(Trage die Zahlen an der richtigen Stelle im Bild ein.)

17 Tu arrives aujourd'hui?

Mets les lettres dans le bon ordre et complète le dialogue.
(Bringe die Buchstaben in die richtige Reihenfolge und ergänze den Dialog.)

Son père: Allô, Fabien? C'est papa.

Fabien: Papa? Tu es ________________ dans le train?

Son père: Non, je suis __________ en Allemagne.

Fabien: Oh, non, papa!!! __________, c'est mon anniversaire!

Son père: Ah, bon? Et tu as quel âge? Onze ans?

Fabien: Mais, non, papa!!! J'ai __________ DOUZE ans!!

Son père: Ohhh… Alors demain, on mange __________ le gâteau et …

Fabien: … et __________? On regarde un DVD, d'accord?

Son père: ______________, Fabien. Demain, c'est ton anniversaire et tu as 12 ans!

antainment
recone
inadem
ôttbien
bd'orda
iusp
neib rsû

18 Une surprise

Lis la quatrième de couverture de ce livre allemand, puis complète le texte en français.
(Lies dir den Klappentext des deutschen Buches durch. Vervollständige dann den französischen Text.)

> Leonie hat heute Geburtstag. Doch ihre Mutter ist nicht da, weil sie in Frankreich arbeitet. Aber Leonie hat eine Idee. In zwei Stunden gibt es einen Zug von Köln nach Paris. Sie spricht mit ihrer Schwester Anna. „Hast du Lust, Mama zu sehen?" Na klar! Bald kommen die beiden Kinder zusammen in Paris an. Das ist eine Überraschung! …

A ______________, c'est l'**a** ______________ de Leonie. Mais sa **m** ______________ n'est pas là. Elle travaille en **F** ______________. Mais Leonie a une **i** ______________. **I** ______________ un **t** ______________ de **C** ______________ à Paris dans deux heures[1]. Elle parle avec sa **s** ______________ Anna: «Anna, tu as **e** ______________ de voir[2] maman?» Bien sûr! **B** ______________, les deux **e** ______________ arrivent à Paris **e** ______________. Ça, c'est une **s** ______________ ! …

19 dix, vingt, trente …

Ecris les résultats en chiffres. (Übe Kopfrechnen! Schreibe die Ergebnisse als Ziffern auf.)

1. dix-neuf + neuf = 28

2. trente-six – dix-huit = ______________

3. quinze + douze = ______________

4. trois × neuf = ______________

5. trente-six / quatre = ______________

6. deux × quatorze = ______________

7. (vingt + quatre) / deux = ______________

8. onze × trois – seize = ______________

9. trente / trois + treize = ______________

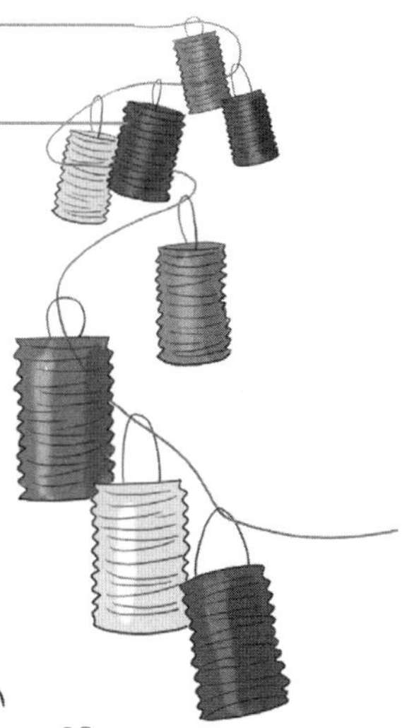

20 L'anniversaire de Moustique

A *Ecris les noms des mois dans la grille et trouve le mois d'anniversaire de Moustique. (Schreibe den Namen der Monate in die Kästchen, um den Geburtsmonat von Moustique herauszubekommen.)*

					7				L	L		
				3			R					
		6		U								
				4				I				
			5		A							
		12	D									
10			T				E					

B *Nenne die vier fehlenden Monate:* ______________________________

1 **une heure** eine Stunde – 2 **voir** sehen

Tout compris?

A *Traduis. (Übersetze.)*

1. ein Kuchen **2.** eine Geschichte **3.** ein Videospiel **4.** ein Geschenk **5.** eine DVD

B *Barre l'intrus. (Streiche den Eindringling durch.)*

préparer	l'oncle	un CD	demain
manger	la tante	un jeu vidéo	bientôt
premier	le frère	un DVD	ensemble
souffler	le père	une famille	aujourd'hui
chanter	la bougie	un ordinateur	maintenant

C *Coche la bonne réponse. (Kreuze die richtige Lösung an.)*

1. Un livre, un ordinateur, un DVD… Ce sont

- ☐ des gâteaux.
- ☐ des cadeaux.
- ☐ des journaux.

2. La mère de mes cousins, c'est

- ☐ ma sœur.
- ☐ ma grand-mère.
- ☐ ma tante.

3. Quand c'est mon anniversaire, je

- ☐ range ma grand-mère.
- ☐ mange mon ordinateur.
- ☐ souffle les bougies sur mon gâteau.

4. Aujourd'hui, c'est le 2 novembre.

- ☐ Demain, c'est le 3 novembre.
- ☐ Maintenant, c'est le 3 novembre.
- ☐ D'abord, c'est le 3 novembre.

D *Ecris la date. (Schreibe das Datum in Worten auf.)*

le vingt-sept mars

STRATEGIE

Lerne neue Wörter im Zusammenhang!
Häufig bringt man gerade die „kleinen" Wörter durcheinander. Versuche sie dir besser einzuprägen, indem du dir ganze Sätze oder sogar eine kleine Geschichte dazu ausdenkst. Schreibe dir solche Lernsätze in deinem Vokabelheft auf und wiederhole sie ab jetzt zusammen.

Hier einige Beispiele:

heute	***Aujourd'hui**, je range ma chambre.*
morgen	***Demain**, c'est mon anniversaire.*
zuerst	***D'abord**, je range mes CD.*
noch	*Il y a **encore** mes livres!*
immer	***Toujours** les livres!*
bald	***Bientôt**, les copains arrivent.*

TU TE RAPPELLES?

→ Unité 3

1. Bald ist Léos Geburtstag.	C'est ____________ l'anniversaire de Léo.
2. Suchen wir gemeinsam nach einem Geschenk?	On cherche un cadeau ____________?
3. Bist du morgen da?	Tu es là ____________?
4. Das ist schade!	C'est ____________!
5. Frau Pirou bereitet einen Kuchen vor.	Mme Pirou prépare un ____________.
6. Immer dasselbe Theater.	Toujours des ____________.
7. Habt ihr Hunger?	Vous avez ____________?
8. Das Jahr hat 12 Monate.	L'____________ a 12 mois.
9. Mehdi ist 11 Jahre alt.	Mehdi ____________.
10. Marie hat am ersten März Geburtstag.	L'anniversaire de Marie, c'est le ____________ mars.

21 Ce ne sont pas mes affaires!

Cherche l'intrus.
(Finde in jeder Spalte den Eindringling.)

une minute	une interro	un cadeau	un CDI	un élève
une heure	la récréation	un rêve	une clé USB	une professeure
une journée	les devoirs	une surprise	un cahier	une main
un lit	un exercice	une place	un sac	une salle de cours

22 Un exercice de maths!

Calcule et écris la réponse en chiffres.
(Rechne und schreibe das Ergebnis in Zahlen.)

1. Trente + treize = 43
2. Cinquante-neuf – vingt-cinq = ____________
3. Vingt-neuf + ____________ = cinquante-sept
4. ____________ : cinq = douze
5. Sept x huit = ____________

23 Où sont les verbes?

Retrouve huit verbes et complète les phrases.
(Finde acht Verben wieder und ergänze die Sätze.)

1. ______________ des histoires
2. ______________ les cours à huit heures
3. ______________ sur Internet
4. ______________ à la maison après le collège
5. ______________ ses devoirs au CDI
6. ______________ ses copains devant la cantine
7. ______________ avec un copain
8. ______________ au collège avec le bus

24 On cherche nos affaires!

Regarde bien les images, puis relie les phrases.
(Schau dir die Bilder genau an und verbinde die Satzteile.)

1

2

3
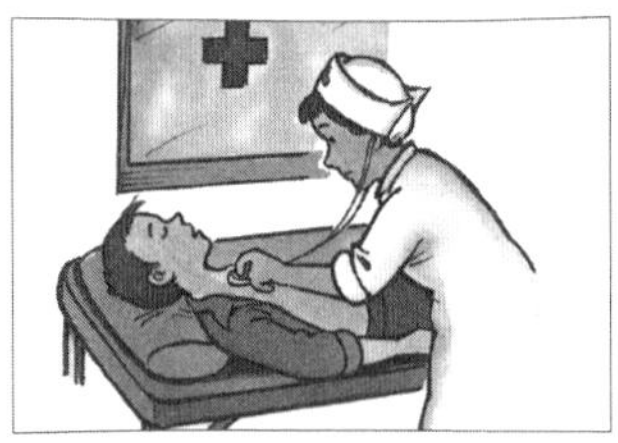

4

5

6

7

8

1. M. Robert est	dans	le lit.
2. Minou est	derrière	le train.
3. Un élève est	devant	la télévision.
4. Le chat est	sous	la salle de cours.
5. Le garcon est	à	le lit.
6. La fille est	sur	l'infirmerie.
7. Moustique est		le carton.
8. Les élèves sont		la cantine.

25 L'alphabet top secret

A *Trouve les mots et complète l'alphabet top secret.*
(Finde die Wörter und ergänze die unten stehende Symbolleiste.)

1. A l'école, il y a des profs et des ___ ___ ___ ♥ ___ ___.

2. Aïe! Mon pied! Je vais à l' ♦ ___ ___ ___ ___ ___ ___ ___ ___ ___.

3. Dans une heure, il y a 60 ___ ___ ___ ♠ ___ ___.

4. Ouf! C'est la ___ ___ ___ ___ ___ ___ ___ ___ ___ ♣ , alors les enfants jouent dans la cour.

5. Après le collège, à la maison, on fait les ☠ ___ ___ ___ ___ ___ ___.

6. Maintenant, tu fais un ___ ❄ ___ ___ ___ ___ ___ ___ dans ton cahier.

7. «On a maths demain?» – «Regarde dans ton ___ ☯ ___ ___ ___ ___ ___ ___ ___ ___ ___ ___ ↺»

___	___	___	___	___	___	___
↺	☠	☮	✱	♣	✲	§
___	___	___	___	___	___	___
♠	♥	💣	♦	❄	☯	🍽

B *Que dit Moustique? (Was sagt Moustique?)*

☯ ✱ ♦, 🍽 ' ☮ ☠ ✱ ✲ 💣
§ 💣 ↺ ♦ ♣ ♠ 💣 ✲ ✲ ✱ ↺!

Solution: ______________ les ______________!

26 Un rendez-vous! Oui, mais à quelle heure?

Relie les rendez-vous avec les jours et les heures.
(Verbinde die Termine mit den richtigen französischen Wochentagen und Uhrzeiten.)

Sonntag	19.30
Mittwoch	11.45
Montag	14.15
Samstag	12.00
Freitag	20.30
Dienstag	16.25
Donnerstag	18.00

lundi
mardi
mercredi
jeudi
vendredi
samedi
dimanche

six heures
huit heures et demie
sept heures et demie
midi
quatre heures vingt-cinq
midi moins le quart
deux heures et quart

Tout compris?

A *Coche la bonne solution. (Kreuze die richtige Antwort an.)*

1. Der Unterricht hat bereits begonnen, als Tom ankommt!

☐ Il est en retard.
☐ Il est en récréation.
☐ Il est d'accord.

2. Du fragst nach der Uhrzeit.

☐ Qu'est-ce qu'il y a?
☐ C'est quand?
☐ Quelle heure est-il?

3. Es wird getratscht, du möchtest damit nichts zu tun haben.

☐ Je ne sais pas.
☐ Ce ne sont pas mes affaires.
☐ Excusez-moi.

4. Du hast eine Tasche gefunden. Wem gehört sie denn?

☐ Il est à qui?
☐ Qui est-ce?
☐ Qu'est-ce que c'est?

5. Es ist halb sechs!

☐ Il est six heures et demie.
☐ Il est cinq heures et demie.
☐ Il est cinq heures six.

6. Heute hast du Mathe um viertel nach 9.

☐ J'ai un cours de maths à 9 heures et quart.
☐ J'ai un cours de maths à 9 heures moins le quart.
☐ J'ai un cours de maths à neuf heures et demie.

B *On range le collège! (Bringe die Wörter um das Wortfeld „collège" wieder in Ordnung und füge den unbestimmten Artikel hinzu.)*

le collège

- EÉVLÈ – un ____________
- ROPF – ____________
- ÉNÉRCRTOAI – ____________
- ORRETIN – ____________
- MAYGNES – ____________
- TANCIEN – ____________
- ESSALC – ____________
- SUORC – ____________
- IDC – ____________
- RUOC – ____________

STRATEGIE

Mit Bildern lernt es sich besser

Es gibt verschiedene Möglichkeiten, sich neue Wörter zu merken. Vokabeln mit Bildern zu verkuppeln ist eine davon. Du kannst natürlich die Wörter mit ihren deutschen Entsprechungen lernen, aber du kannst auch ein Bild hinzufügen.

Wenn du kein begabter Zeichner bist, kannst du entsprechende Fotos (z.B. aus Katalogen, Prospekten oder dem Internet) suchen und in dein Vokabelheft kleben. So kannst du auch mehrere Wörter, die zusammenpassen, zusammen lernen.

TU TE RAPPELLES? → Unité 4

1. Spielst du mit mir?	Tu ___ avec moi?
2. Er ist im Krankenzimmer.	Il est ___.
3. Sie kommt zu spät.	Elle est ___.
4. Was gibt es in der Kantine?	Qu'est-ce qu'il y a ___?
5. Es ist sieben Uhr.	Il est ___.
7. Er ist bei Alex.	Il est ___ Alex.
8. Léo geht ins CDI.	Léo ___ au CDI.
9. Mme Barette ist Deutschlehrerin.	Mme Barette est ___ d'allemand.
10. Léo geht zu seinem Platz.	Léo va à ___.
11. Heute ist Mittwoch.	Aujourd'hui, c'est ___.
12. Ich will nichts damit zu tun haben.	Ce ne ___.
13. Das tut man nicht! – Aber doch!	On ne fait pas ça! – ___!
14. Léo hat nicht recht.	Léo n'___ pas ___.
15. Macht ihr eure Hausaufgaben?	Vous faites vos ___?

27 Aïe!

Complète les mots avec les paires de voyelles suivantes.
(Vervollständige die Wörter und streiche die verwendeten Vokalpaare durch.)

la natat___n
une p___ce
tout dr___t
la salle de b___ns
le br___t
les t___lettes

le dix-sept___me
la c___sine
min___t
un p___d
je voudr___s
un th___tre

28 L'appartement

A *Complète le dessin. (Beschrifte das Bild.)*

les toilettes | la cuisine | l'entrée | le salon | la chambre | la salle de bains

1. ______________________
2. ______________________
3. ______________________
4. ______________________
5. ______________________
6. ______________________

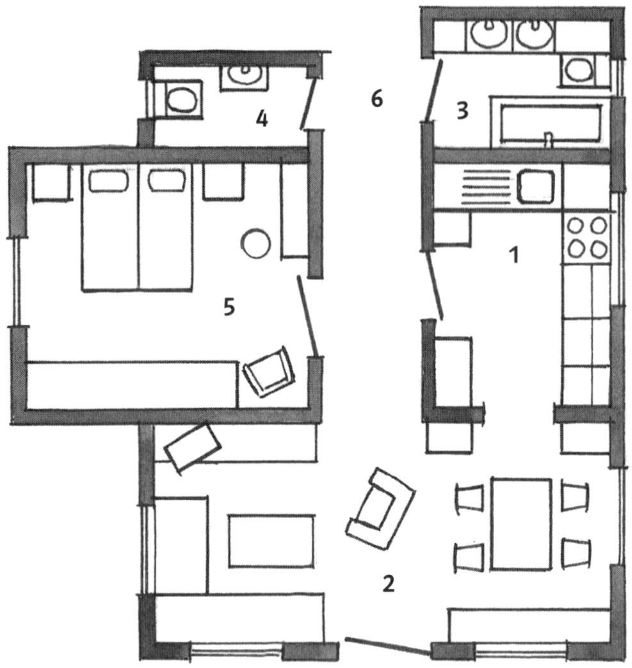

B *Lucas présente son appartement. Complète le texte avec le nom des pièces. (Ergänze den Text mit den passenden Räumen.)*

Il est 19 heures. Je suis dans ma ______________ et je fais mes devoirs. «A table!» Papa est dans la ______________ et prépare le repas du soir: des spaghettis. Super, j'arrive!! Maman a mal au pied, elle cherche un sparadrap[1] dans la ______________. Grand-père est dans le ______________: il regarde la télé. Ah, mon frère Pierre arrive: il est dans l'______________. Et mon chien Roxy. Où est Roxy? Il est aux ______________. Bizarre comme chien …

29 C'est où?

Trouve les endroits où on trouve les objets sur les images. (Finde die Orte, an denen man die Dinge auf den Bildern findet.)

1. un ______________________
2. un ______________ de crêpes
3. une ______________________
4. la ______________________
5. une ______________________
6. un ______________________

1 un sparadrap ein Pflaster

30 Qui dit quoi?

Qui dit quoi? Ecris les noms sur les cartes. (Wer sagt was? Schreibe die Namen auf die Karten.)

M. Leblanc möchte gerne bezahlen. | Stéphane ärgert sich ziemlich. | Lucas hat sich wehgetan.

Cora bedankt sich herzlich. | Mme Messadi verabschiedet sich von ihrer Tochter.

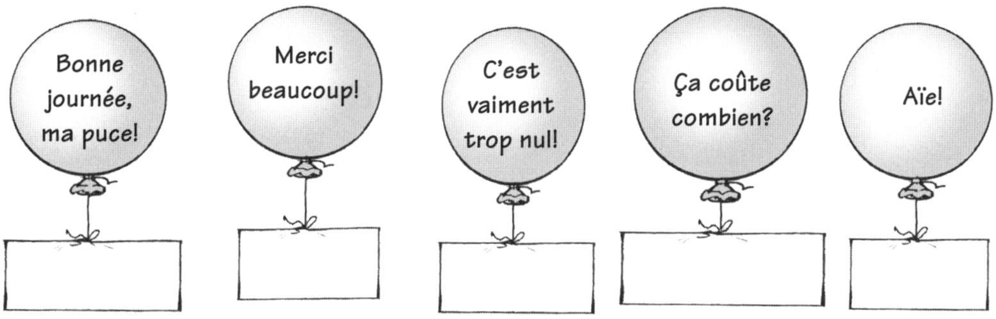

31 Les champions!

A *Complète les activités avec **le, la** ou **l´**.*
(Vervollständige die Aktivitäten mit dem bestimmmten Artikel.)

Claire	Jeanne	Victor	Jamel

la ______	______	______	______

Léa	Gabriel	Manon

______	______	______

B *Complète les phrases avec **de** et l'article défini.*
*(Ergänze die Sätze mit **de** und dem bestimmten Artikel.)*

Jamel fait du ______. Léa, elle, fait ______. Manon fait ______.

Gabriel joue ______. Jeanne fait ______. Victor aime les sports de combat:

il fait ______. Et Claire? Claire fait ______.

32 On fait un tour dans le quartier?

Trouve les mots et complète le dialogue.
(Finde die Wörter im Gitter und vervollständige den Dialog.)

TIPP
Suche senkrecht ↕, waagerecht ↔ oder quer ⤢ !

- On fait un tour dans le q ______________________ ?
- D'accord, on va faire du r ______________________ ?
- Sur l' a ______________________ ?! Et les v ______________________ !
- … et avec le b ______________________ , c'est non! Tu as raison.
- Oh, regarde mon portable! J'ai un SMS de Samira. Elle est au p ______________________ .
- On prend un t ______________________ ?
- Ah, non! Le parc n'est pas l ______________________ . Il est dans le 17e arrondissement. Ça fait 5 minutes à p ______________________ !

V	M	S	Q	L	A	W
O	P	C	U	O	V	A
I	R	A	A	I	E	C
T	O	U	R	N	N	T
U	L	P	T	C	U	I
R	L	B	I	M	E	V
E	E	R	E	E	X	I
S	R	U	R	K	D	T
V	O	I	T	U	R	E
U	R	T	A	X	I	D

33 Bonjour journée!

Welche Tageszeit ist gerade?

1. C'est le ______________ ______________ .
2. ______________ ______________ .
3. ______________ ______________ .
4. ______________ ______________ .

34 Tôt ou tard?

Traduis. (Übersetze.)

1. Es ist schon spät. — Il est ______________________ .
2. Heute Abend spiele ich Gitarre. — ______________________ , je fais de la guitare.
3. Samstags mache ich Judo. — ______________________ , je fais du judo.
4. Ich verbringe die Nacht bei Marie. — Je ______________________ chez Marie.
5. Ist es schon Mitternacht? — Il est ______________________ ?

35 Promos?!

Regarde les promos au stand de crêpes. Complète le dialogue entre un client et un vendeur. (Schau dir die Sonderangebote am Crêpestand an. Vervollständige dann den Dialog.)

TIPP

Vergiss nicht, *euro* wird im Französischen angeglichen: *1 euro – 2 euros*

Promos

crêpe & gaufre	4,90 €
crêpe & eau minérale	3,60 €
crêpe & coca	4,10 €
crêpe & jus de pomme	3,70 €
crêpe & diabolo menthe	4,60 €

- Bonjour, qu'est-ce que tu ____________________?
- Je ____________________ une crêpe, s'il vous plaît.

  Ça fait ____________________?
- Une crêpe, c'est 2,20 €. Mais avec un ____________________________,

  ça fait quatre euros soixante pour toi.
- Merci, mais c'est trop. Je prends une crêpe.
- Mais avec un ____________________, c'est trois euros soixante-dix.
- Non merci. Une crêpe, s'il vous plaît!
- Une crêpe et une ____________________ pour trois euros soixante?
- Merci, mais je n'ai pas soif, monsieur. Je prends une crêpe!
- Tu n'as pas soif? Alors, une crêpe et une ____________________ pour

  quatre euros quatre-vingt-dix?
- Zut! Le stand, c'est la catastrophe aujourd'hui! Au revoir!

36 Je cherche une boulangerie, s'il vous plaît!

Regarde les dessins et explique le chemin. (Schau dir die Bilder an und erkläre den Weg.)

1. D'abord, va ____________________________.

2. Puis, ____________________________.

3. ____________________ l'avenue de Clichy.

4. Puis, ____________________ à ____________________.

5. Au ____________________, il y a un café. Et là, il y a une boulangerie.

Tout compris?

A *Barre l'intrus. (Streiche den Eindringling durch.)*

l'athlétisme	à gauche	le salon	un euro
le judo	tourner	le numéro	Ça coûte combien?
la photo	tout droit	l'entrée	Ça fait …
la natation	porter	la cuisine	gagner

B *Regarde la carte et coche les bonnes réponses. (Schau dir den Plan an und finde den Weg. Kreuze an.)*

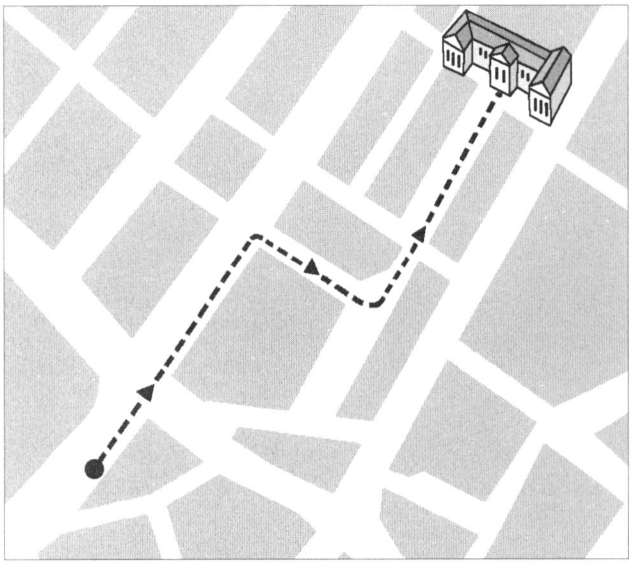

D'abord, je
- ☐ tourne à gauche.
- ☐ traverse le carrefour.

Puis, je
- ☐ tourne à droite.
- ☐ tourne à gauche.

Je
- ☐ tourne à gauche.
- ☐ vais tout droit.

Puis, je
- ☐ tourne à droite.
- ☐ vais tout droit.

C *Relie les phrases. (Verbinde die Sätze miteinander.)*

1. Manon aime les combats.	**a)** Il/Elle joue de la guitare.
2. Elise va à la piscine.	**b)** Il/Elle va aussi au théâtre.
3. Julie aime la musique.	**c)** Il/Elle fait du judo.
4. Théo aime les films.	**d)** Il/Elle joue au foot.
5. Nicolas aime le sport.	**e)** Il/Elle fait de la natation.

STRATEGIE

Lege Wortnetze an!
Wortnetze helfen dir, die Vokabeln zu einem bestimmten Thema oder Wortfeld sicher zu beherrschen. Lege dir zu verschiedenen Themen auf große leere Blätter Wortnetze an, z. B. zum Thema Wohnen oder Aktivitäten. Achte darauf, dass du dort nicht nur Nomen einträgst, sondern auch passende Verben oder Adjektive hinzufügst. Bewahre die Wortnetze gut auf. Wenn später neue passende Wörter gelernt werden, kannst du sie dort mit eintragen. So siehst du, wie dein Wortschatz wächst!

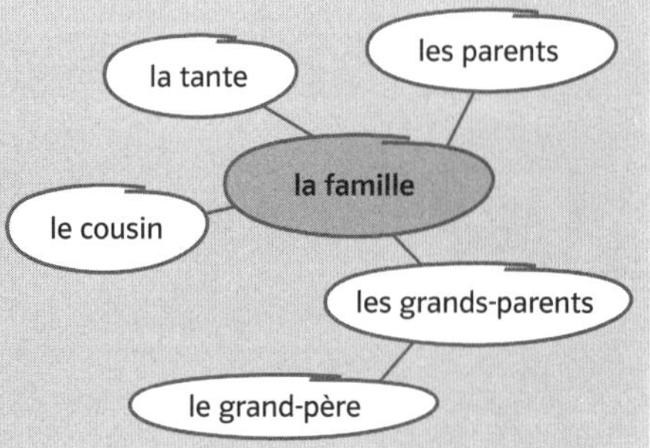

TU TE RAPPELLES? → Unité 5

1. Es gibt Freizeitaktivitäten für <u>jeden / alle</u>. — Il y a des activités pour ______________.
2. Marie wohnt nicht <u>weit</u> weg. — Marie n'habite pas ______________.
3. Sie wohnen in einer <u>Vierzimmerwohnung</u>. — Ils habitent dans un ______________ de quatre ______________.
4. Ich <u>möchte / würde gern</u> fernsehen. — Je ______________ regarder la télé.
5. <u>Was für einen</u> Sport machst du? — Qu'est-ce que tu fais ______________ sport?
6. Biege <u>links</u> ab. — Tourne à ______________.
7. Geh <u>geradeaus</u>. — Va ______________.
8. <u>Wie</u> fällst du? — ______________ tu tombes?
9. Auf dem <u>Handy</u> von Léo ist eine SMS von Marie. — Sur le ______________ de Léo, il y a des SMS de Marie.
10. <u>Wie viel</u> kostet das? — ______________ ça coûte?

37 Ce ne sont pas mes vêtements!

Complète la grille. (Vervollständige das Kreuzworträtsel mit den Farben der dargestellten Sachen und finde das Lösungswort passend zum Thema.)

1

2
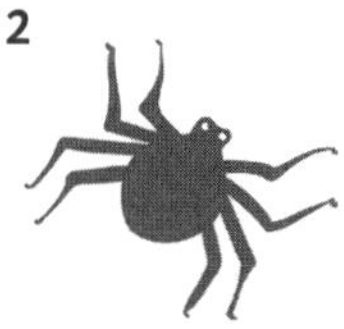

3

1		L					
2							R
3				O			
4						E	
5							T
6				A			
7							S

4
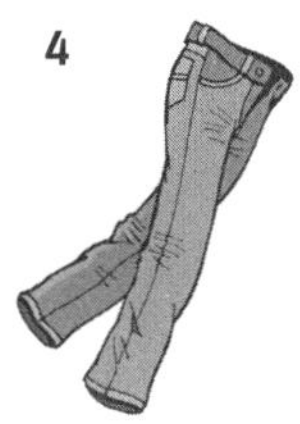

5

6

7

J'aime les _ _ _ _ _ _ _ s!

TIPP

Um die Farben zu lernen, kannst du sie auch in deinem Vobabelheft in den jeweiligen Farben aufschreiben!
noir - blanc

38 C'est les vacances!

Emilie prépare ses vacances, mais un peu trop vite.
(Vergleiche die Liste mit dem Inhalt des Koffers. Kreuze an, was dabei ist.
Achte auch auf die richtigen Mengen und Farben.)

Dans ma valise, je mets:

- ☐ la casquette verte
- ☐ un pantalon noir
- ☐ trois jeans bleus
- ☐ mes baskets rouges
- ☐ deux chemises blanches
- ☐ mon pull vert et rouge
- ☐ ma robe bleue
- ☐ mon chapeau rouge et vert
- ☐ mon anorak gris
- ☐ trois t-shirts blancs
- ☐ deux t-shirts gris
- ☐ ma jupe verte
- ☐ ma veste jaune
- ☐ un t-shirt vert
- ☐ mes chaussures noires
- ☐ mon sac noir

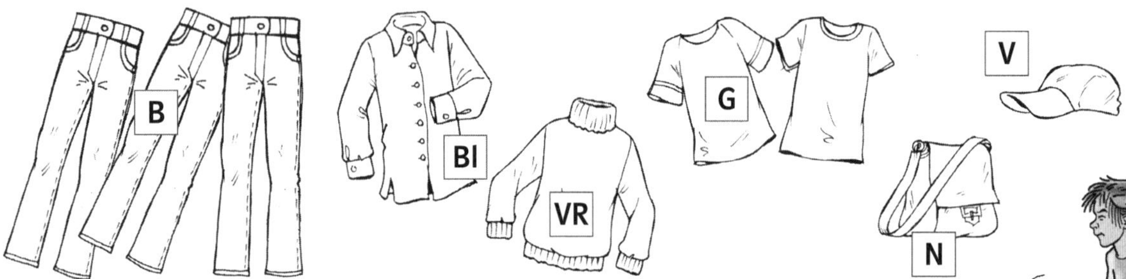

B	Bl	R	N	V	J	G
bleu	blanc	rouge	noir	vert	jaune	gris

39 Alors, on range?

Range les mots dans la bonne liste. Ajoute les articles.
(Trage die Wörter in die passende Liste ein.)

balpochejeanarrivéerobedanserchemisevestefeudartificegarechantervacances

feiern

un ____________

____

____

____

sich anziehen

____

____

____

____

wegfahren

____

____

____

____

40 Les petits mots

Alors, on schmountz?! Remplace ce mot par un mot qui correspond à la situation.
(Ersetze die Schmountz-Wörter durch passende Wörter aus der unten stehenden Auswahl. Schreibe die „Schmountz"-Nummer auf.)

☐ enfin ☐ très ☐ après ☐ surtout ☐ peut-être ☐ aussi
☐ avant ☐ quoi? ☐ hier ☐ quand? ☐ pour

– Je vais à Paris avec mon père en TGV **SCHMOUNTZ (1)** le feu d'artifice!
– **SCHMOUNTZ (2)** ?
– Demain! C'est le 14! Il y a une fête et un bal!

– Génial, je peux venir **SCHMOUNTZ (3)** ? A Paris pour la fête nationale, c'est cool!
– **SCHMOUNTZ (4)** . Je vais demander à mon père!

Après l'arrivée à Paris:
– **SCHMOUNTZ (5)** … voilà la tour Eiffel!
– Waouh, elle est **SCHMOUNTZ (6)** grande!

– Waouh! La belle … bleue!!
– **SCHMOUNTZ (7)** ? Il y a trop de bruit!

– Tu as aimé le 14 juillet à Paris **SCHMOUNTZ (8)** ?
– Oui, **SCHMOUNTZ (9)** le feu d'artifice!

– Qu'est-ce que vous avez fait **SCHMOUNTZ (10)** le feu d'artifice?
– On a mangé. Et **SCHMOUNTZ (11)** le feu d'artifice, on a dansé.
Et regarde, on est dans le journal.

41 Les mots font la fête!

Cherche les contraires des adjectifs suivants. (Findest du die Gegensätze folgender Adjektive?)

mau | der | con | té | blan | nier | vais | che | tent | tit | sant | pe | res | in

1. bon ____________________
2. premier ____________________
3. nul ____________________
4. triste ____________________
5. grand ____________________
6. noire ____________________

42 Des verbes pour les vacances

Relie les verbes. (Verbinde die deutschen Verben mit ihren französischen Entsprechungen.)

helfen sprechen treffen anrufen geben fragen bleiben zeigen

aider montrer donner demander téléphoner rencontrer parler rester

Tout compris?

A *Coche la ou les bonnes solutions. (Kreuze die richtige(n) Antwort(en) an.)*

1. Il y a des gens qui dansent. C'est
- ☐ un problème.
- ☐ une gare.
- ☐ un bal.

2. Le 14 juillet en France, il y a
- ☐ la fête nationale.
- ☐ le premier jour des grandes vacances.
- ☐ des feux d'artifice.

3. Qu'est-ce qu'on peut mettre sur sa tête *(Kopf)*?
- ☐ un chapeau
- ☐ une casquette
- ☐ une veste

4. Quelles sont les couleurs du drapeau français *(Welche sind die Farben der frz. Flagge)*?
- ☐ bleu blanc rouge
- ☐ noir rouge jaune
- ☐ vert rouge blanc

5. Le mot français pour *E-mail*, c'est
- ☐ problème.
- ☐ courriel.
- ☐ couleur.

6. Bushido, Justin Bieber et Orelsan sont des
- ☐ chanteurs.
- ☐ sœurs.
- ☐ classeurs.

B *On range les histoires! (Verbinde die Satzteile, sodass sinnvolle Sätze entstehen.)*

1. Un guide	téléphone	aux touristes.
2. La prof	demande l'heure	à une dame.
3. Une grand-mère	montre la tour Eiffel	à sa copine.
4. Un garçon	donne un gâteau	à un élève.
5. Une fille	explique l'exercice	à son chien.

STRATEGIE

2 Stratégies pour les adjectifs!

I Gegenteile ziehen sich an …
Gerade bei Adjektiven ist es sinnvoll, die Vokabeln paarweise zu lernen.
Man kann Gegenteile zusammen lernen:

petit ≠ grand oder triste ≠ content

und den Wörtern ein Symbol als Lernhilfe hinzufügen

triste ☹ ≠ content ☺ / bon 👍 ≠ mauvais ☠

II Was für ein Theater!
Lies einzelne Wörter laut vor und versuche sie ausdrucksvoll zu sprechen – eventuell auch mit Gestik, sodass ihre Bedeutung dadurch klar wird.

TU TE RAPPELLES? → Unité 6

1. Der kleine Gabriel ist wirklich traurig!	Le petit Gabriel est ___ triste.
2. Marie, du hilfst immer allen.	Marie, tu ___ toujours tout le monde.
3. Die Leute gehen auf den Ball und tanzen auf der Straße.	Les gens vont ___ et ___ dans la rue.
4. Das ist super, sympathische Leute wie dich zu treffen.	C'est super de ___ des gens sympas comme toi!
5. Das andere Mädchen ist ihre Schwester.	___ fille, c'est sa sœur.
6. Die Musik ist nicht schlecht. Sie ist gut!	La musique n'est pas ___. Elle est ___.
7. Wir haben meine kleine Schwester und meinen kleinen Bruder gesucht.	Nous avons cherché ma ___ sœur et mon ___ frère.
8. Clara bleibt hier und räumt auf.	Clara ___ ici et range.

43 Les moyens de transport

A *Ecris les mots avec l'article défini **le**, **la** ou **l'**. (Schreibe die Wörter mit dem bestimmten Artikel **le**, **la** oder **l'**.)*

1. Flugzeug	l'	_ V _ _ _
2. Metro		_ _ _ _ O
3. Zug		_ _ _ I _
4. Taxi		T _ _ _
5. Bus		_ U _
6. Bahnhof		_ _ R _
7. Fahrkarte		_ _ _ _ E _

B *Complète maintenant les phrases avec des mots de la grille.
(Vervollständige nun die Sätze mit den Wörtern aus dem Kreuzworträtsel.
Pass auf: Es bleibt ein Wort übrig.)*

Pour aller au collège, je ne prends pas ___. Il ne va pas vite! Alors, je prends ___ à la station Louvre. Ma sœur aime le sport, alors elle va au collège en ___. Pour aller travailler, mon père prend ___ à la gare du Nord, mais aujourd'hui, il est en retard. Alors, il prend ___ : c'est cher mais ça va plus vite! Et ma mère? Elle va demain à Berlin. C'est loin, alors, elle va prendre ___.

44 Quel est ce son?

Souligne le ou les mot(s) qui contiennent le son indiqué.
(Unterstreiche die Wörter, die den angegebenen Laut enthalten.)

1. [s] wie **s**œur — bise - Défense - bus - maison - musée - visiter

2. [õ] wie N**on** — moyen - station - assistant - enfant - avion - froid

3. [e] wie L**é**o — métro - ticket - cher - baskets - arrivée - marché

4. [ɛ] wie fr**è**re — génial - neiger - kilomètre - leçon - mauvais - beau

5. [ʒ] wie bon**j**our — chose - collège - marché - journée - gare - écologique

45 Au marché aux puces

Complète le dialogue. (Vervollständige den Dialog. Die Wörter an der Seite können dir helfen.)

le vendeur: Bonjour, mademoiselle. ______________________?	Wünschen Sie etwas?
la cliente: Je cherche ______________ pour une amie. Vous avez une idée?	ein Andenken
le vendeur: Qu'est-ce qu'elle aime? Des livres, des affiches? J'ai ______________ choses intéressantes.	viele
la cliente: Non, elle n'aime pas ______________. Mais elle adore	lesen
______________ des cartes postales.	schreiben
le vendeur: ______________. J'ai ______________ des cartes de la tour Eiffel, du Louvre …	kein Problem / zum Beispiel
la cliente: Vous avez aussi des cartes du Parc Astérix?	
le vendeur: ______________, je n'ai plus de cartes du parc.	es tut mir leid
la cliente: C'est dommage. Mon amie ______________ le Parc Astérix.	mag sehr gerne

46 L'intrus

Barre l'intrus dans chaque liste. (Streiche jeweils den Eindringling durch.)

froid	reportage	million	musée
vent	moyen de transport	mois	touriste
mauvais	ticket	jour	cathédrale
moderne	station	heure	ville
pleuvoir	métro	minute	visiter
neiger	bus	semaine	assistant

47 Quel temps fait-il?

Relie les phrases avec les dessins. (Welcher Satz passt zu welchem Bild? Verbinde die Paare.)

1 2 3 4 5 6

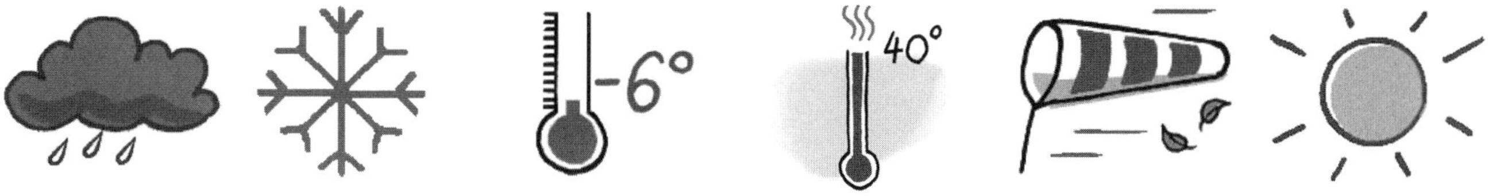

Il fait beau. | Il fait froid. | Il fait chaud. | Il pleut / Il fait mauvais. | Il neige. | Il y a du vent.

48 Il fait beau?

Quel temps fait-il à Paris aujourd'hui? (Wie ist das Wetter heute in Paris? Ergänze den Wetterbericht.)

10°	15°	0°
matin	après-midi	soir

A Paris ce matin, il fait très mauvais, ______________ et il y a ______________. L'après-midi, il fait ______________, nous avons un grand soleil d'automne. La température: ______________! Mais attention pour le soir. Il fait très ______________ et il ______________! Alors, prenez un pull!

49 Une carte postale de Paris

Complète la carte postale avec les mots suivants. (Ergänze die Postkarte mit folgenden Wörtern.)

touristes | visiter | il fait beau | chère | souvenir | fantastique | adore | pleut | bises

1. ______________ Julie, Paris, le 5/6/2013

Un grand bonjour de Paris.

2. Oui, je suis ici avec ma cousine, et demain, nous allons ______________ la tour Eiffel, comme des ______________.
3. A Paris, ______________: il fait chaud, et il ne ______________ pas.
4. J' ______________ la vue ______________ de la tour Eiffel. C'est génial!
5. Je vais chercher un super ______________ de Paris pour toi.

____

Lola

Julie Martin
24, rue des des champs
57000 Metz

Tout compris?

A *Coche la bonne réponse. (Kreuze die richtige Antwort an.)*

1. Le Louvre est
- ☐ une boutique.
- ☐ un musée.
- ☐ une cathédrale.

2. Paris est une grande
- ☐ ville.
- ☐ endroit.
- ☐ semaine.

3. Aujourd'hui, il fait chaud:
- ☐ Il pleut.
- ☐ Il neige.
- ☐ Il fait beau.

4. On peut prendre le métro
- ☐ à une station.
- ☐ à un bureau.
- ☐ en avion.

5. Au marché aux puces,
- ☐ on trouve des fruits.
- ☐ Il y a des tickets.
- ☐ c'est pas cher.

6. Notre-Dame est
- ☐ un musée.
- ☐ un marché.
- ☐ une cathédrale.

7. La Défense est
- ☐ un quartier moderne.
- ☐ une cathédrale.
- ☐ un musée.

8. Au Louvre, il y a
- ☐ beaucoup de touristes.
- ☐ peu de touristes.
- ☐ pas de touristes.

B *Trouve les mots et complète le texte. (Bringe die Buchstaben in die richtige Reihenfolge und ergänze die Sätze.)*

1. J'__________ les __________ sur la tour Eiffel. — ODERA / BUTISOQUE

2. Pour aller au __________, je prends le bus ou le __________ et je vais — ERVOLU / TRÉMO

à la __________ Louvre-Rivoli. — OINSTAT

3. Nous allons __________ Paris en vélo. C'est un __________ de — SVITIRE / YONEM

transport __________. — GÉOCOLIQUE

4. Le Louvre est un grand __________ où vont beaucoup de __________. — EÉMUS / TTISESOUR

STRATEGIE

Gemeinsam lernen
Wenn du eine neue Unité des Schülerbuchs lernst, kannst du gut mit deiner Partnerin / deinem Partner arbeiten. Mit Hilfe eurer Vokabelkärtchen oder eurem Lehrbuch könnt ihr euch gegenseitig abhören, zu Hause, im Bus, auf dem Schulhof usw. Ihr könnt euch für jedes richtige Wort Punkte geben.

50 Les mots de l'école

Trouve les mots et écris-les dans les cases.

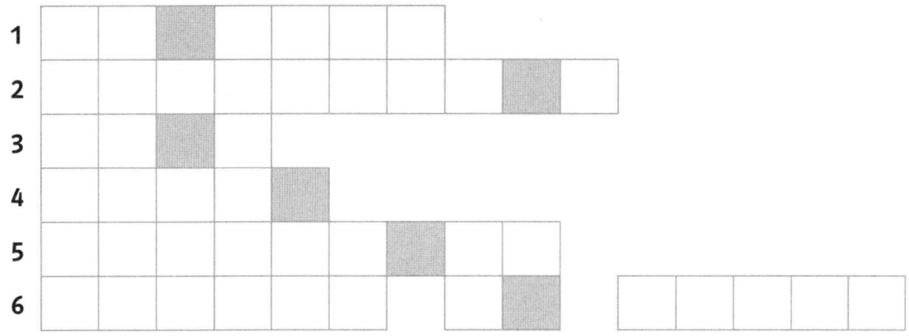

1. C'est le premier jour après les vacances. C'est la …
2. Entre deux cours, il y a une …
3. Pour la récréation, les élèves vont dans la …
4. A la rentrée, on trouve les noms des élèves sur une …
5. Nicolas n'a pas bien travaillé. Il a eu de mauvais …
6. A quelle heure est-ce qu'on a maths? Les élèves regardent dans leur …

Le mot mystère:

Julien est le ___(1) ___(2) ___(3) v ___(4) ___(5) ___(6).

51 Ça s'écrit comment?

A *Tu connais le son [ɛ] comme m__ai__son, mais comment est-ce que tu l'écris? Souligne les lettres qui forment le son [ɛ]. (Kreise die Buchstaben ein, die [ɛ] wie in m__ai__son bilden.)*

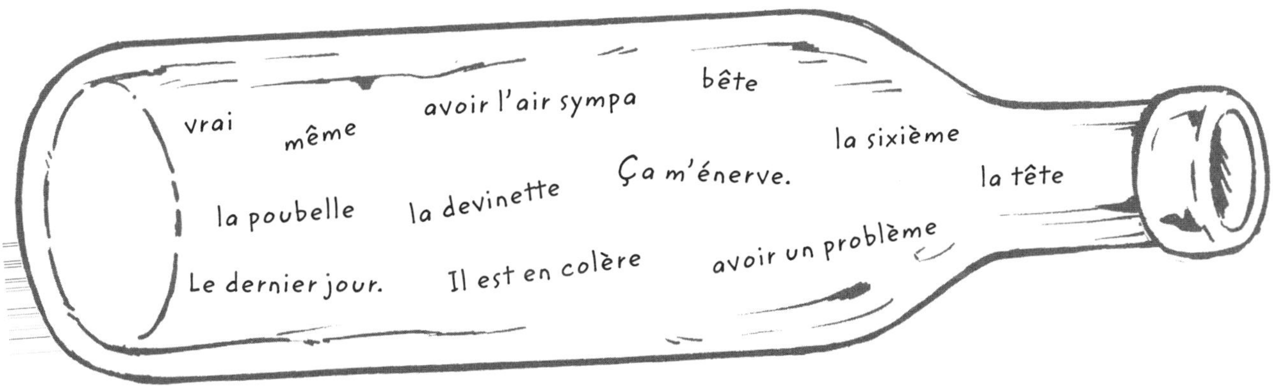

B *Complète maintenant les traductions avec ces mots. (Übersetze nun mit den oben genannten Wörtern.)*

1. dumm	______	**7.** Das geht mir auf die Nerven.	______
2. nett aussehen	______	**8.** die sechste	______
3. der letzte Tag	______	**9.** das Rätsel	______
4. wahr, richtig	______	**10.** der Mülleimer	______
5. sogar	______	**11.** der Kopf	______
6. Er ist wütend.	______	**12.** ein Problem haben	______

52 Une star?

Complète le texte avec les mots suivants.

drôle | marron | bête | actrice | cinéma | roux | cheveux | femme | films

1. Maxime adore le ________________.
2. Le samedi, il va voir[1] des nouveaux ________________.
3. Une ________________ de cinéma qu'il aime beaucoup, c'est Maria Toscanini.
4. Elle a les yeux ________________ et les ________________ ________________.
5. Elle a joué dans «La Boulette», un film très ________________.
6. Mais Sarah, la copine de Maxime, trouve cette actrice ________________, peut-être parce que c'est une belle ________________?

53 Ils vont bien?

Comment sont ces personnes? Décris-les. (Wie fühlen sich die Leute gerade?)

1. Il est ____________. **2.** Elles sont ____________. **3.** Elle est ____________. **4.** Il est ____________.

54 Pierre, le nouveau

Complète le texte avec les mots en français.

Pierre est le ____________ de la classe. Il est un peu ____________ et a ________________. Il ne parle pas beaucoup. Derrière Pierre, il y a Myriam, une fille très sympa. Elle regarde Pierre et ____________: «Il a peut-être ____________ Pierre …»

Myriam: Ça ne va pas, Pierre?

Pierre: Non, je n'aime pas ce collège. Tout le monde est ____________ avec moi ici.

Myriam: Je ____________, mais ce n'est pas ____________. Viens après avec moi dans la cour et tu vas rencontrer mes copains. Ils sont très sympas et ____________!

Neue / schüchtern
traurig aussehen
denken / ein Problem
blöd
verstehen / wahr
lustig

---

1 voir sehen

55 En classe

Regarde les dessins et complète les phrases.

1. J'adore cet ______________!

2. Mets les ______________ dans la poubelle.

3. Tu n'as vraiment rien dans la ______________!

4. Regarde-moi dans les ______________.

56 Avec ou sans?

Trouve les contraires. (Finde die Gegenteile.)

1. sans ≠ ______________

2. triste ≠ ______________

3. vrai,e ≠ ______________

4. ici ≠ ______________

5. tout ≠ ______________

6. bon,ne ≠ ______________

7. blond,e ≠ ______________

8. une femme ≠ ______________

57 Des mots pour le dire

Trouve les mots qui vont ensemble.

1. Das ist ein Witz!

2. Auf geht's!

3. Das geht mir auf die Nerven.

4. Er sieht müde aus.

5. Das ist schade.

6. Das ist dasselbe.

7. Das ist blöd.

8. Das ist nicht möglich.

9. Das ist kein Problem.

10. Was ist los?

a) C'est dommage.

b) Ce n'est pas possible.

c) Ce n'est pas un problème.

d) C'est bête.

e) C'est une blague.

f) C'est la même chose.

g) Il a l'air fatigué.

h) On y va!

i) Ça m'énerve.

j) Qu'est-ce qu'il y a?

Tout compris?

A *Coche la ou les bonnes solutions.*

1. Marie ne va pas bien.

- [ ] Elle n'est pas en forme.
- [ ] Elle est bête.
- [ ] Elle va mal.

2. Léo et ses copains sont maintenant

- [ ] en quatrième.
- [ ] en troisième.
- [ ] en cinquième.

3. En classe, Julien ne comprend pas le prof. Alors, il dit:

- [ ] Je n'ai pas compris.
- [ ] Je ne connais pas.
- [ ] Vous pouvez répéter, s'il vous plaît?

4. Clara est en colère. Elle dit à sa sœur:

- [ ] C'est une blague.
- [ ] Tu es bête!
- [ ] On y va.

B *Relie les contraires entre eux. (Verbinde die Gegenteile miteinander.)*

1. avec	**a)** triste
2. drôle	**b)** sans
3. fausse	**c)** brun
4. blond	**d)** vraie

C *Trouve les mots et complète les phrases.*

1. Tu aimes le ______________?	INCAMÉ
2. Cette ______________ est très drôle.	TENDIVETE
3. Gaspard a les ______________________.	VEUCHEX / OLBNDS
4. Johnny Depp est une ______________ de cinéma.	TARS
5. Au collège, il y a un ______________, Julien.	AUVONUE

STRATEGIE

Eine Person beschreiben

Wenn du eine Person beschreiben willst, gibt es verschiedene Aspekte, die du berücksichtigen kannst. Du sprichst zuerst über die äußere Erscheinung *(grand, petit, avoir les cheveux blonds, noirs, longs)*. Weitere Dinge, die dich interessieren könnten, sind: das Alter, die Kleidung, die Familie, der Wohnort und der Charakter einer Person *(sympa, bizarre, bête)*, ihre Vorlieben und Abneigungen *(Il aime le sport / la musique – Il déteste le collège)* und ihre Hobbys *(Il fait du foot, du vélo)*. Lege dir am besten eine Liste von nützlichen Wörtern an, die du bei der Charakterisierung von Personen verwenden kannst.

TU TE RAPPELLES? → Unité 1

1. Das neue Schuljahr fängt an!	C'est la ______________!
2. Ich bin fit.	Je suis ______________.
3. In welcher Klasse bist du?	Tu es dans ______________ classe?
4. Er, ein Schauspieler?	Lui, un ______________?
5. Er sieht wirklich wie Julien aus.	Il ______________ vraiment ________ Julien.
6. Du siehst traurig aus.	Tu ______________ triste.
7. Das ist dasselbe.	C'est la ______________.

58 Des histoires comme au cinéma!

A *Traduis en français les mots suivants à la forme masculine.*

1. dunkel ______________
2. gefährlich ______________
3. geschlossen ______________
4. unglücklich ______________
5. geheimnisvoll ______________
6. glücklich ______________
7. mutig ______________
8. vergessen ______________
9. allein ______________
10. neugierig ______________

B *Trouve maintenant les adjectifs de la partie A qui correspondent aux scènes.*

1. Attention, c'est ______________! 2. Ils sont ______________. 3. Il est ______________.

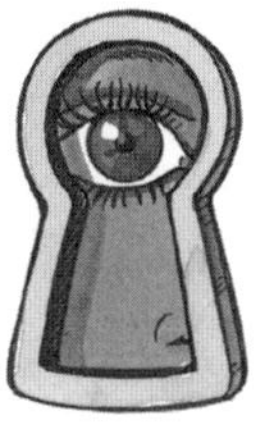

4. Elle est ______________. 5. Elle est ______________. 6. Il fait ______________.

59 L'empire du vampire!

Lis les définitions et trouve les mots.

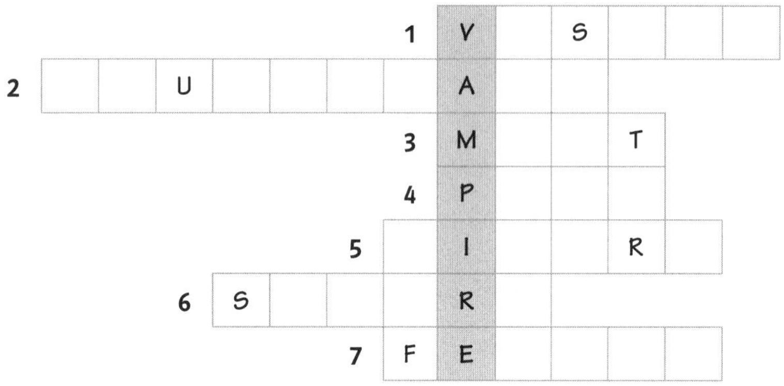

1. Pour lui faire une ?, sois très courageux.
2. Pendant la journée, il ne quitte pas son ?.
3. Il parle encore, mais il est ?.
4. Quand on le rencontre, on a souvent ?.
5. Son lit est en ?.
6. Il adore la nuit et chez lui, il fait toujours ?.
7. Dans la journée, sa porte est bien ?.

60 Contraire ou synonyme?

Est-ce que ce sont des contraires (≠) ou des synonmyes (=) ? Mets les symboles ≠ ou = dans le tableau.

1. ouvrir		fermer	2. demander		répondre	3. l'entrée		la sortie
4. monter		descendre	5. malheureux		triste	6. appeler		téléphoner

61 Trois histoires

Mets les mots dans le bon groupe. (Welche Wörter verbindest du mit Reisen, Mangas oder mit dem Totenreich?)

un dessinateur · un guide · mystérieux · les couloirs · un voyage · une visite · le dessin
un crâne · avoir peur · les souris · la mort · un groupe · une page · les mangas · sombre

62 Les dessins qui parlent ...

Trouve les mots. Ecris les initiales des mots représentés en images.
(Finde die Wörter heraus. Schreibe die Anfangsbuchstaben der in Bildern dargestellten Wörter auf. So entsteht ein neues Wort.)

1

2

3

4
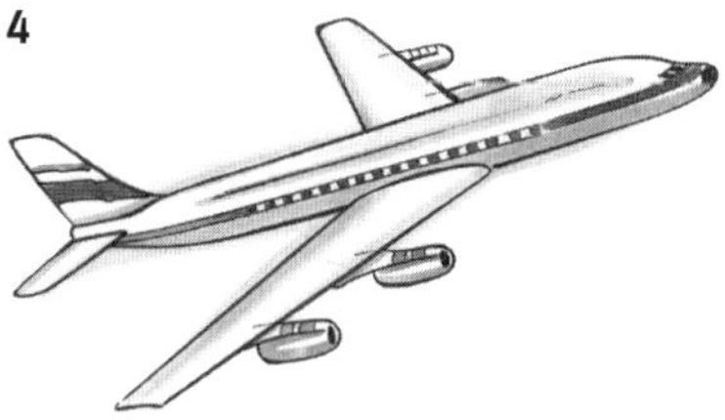

5
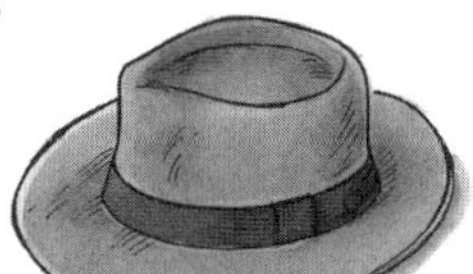

6

7
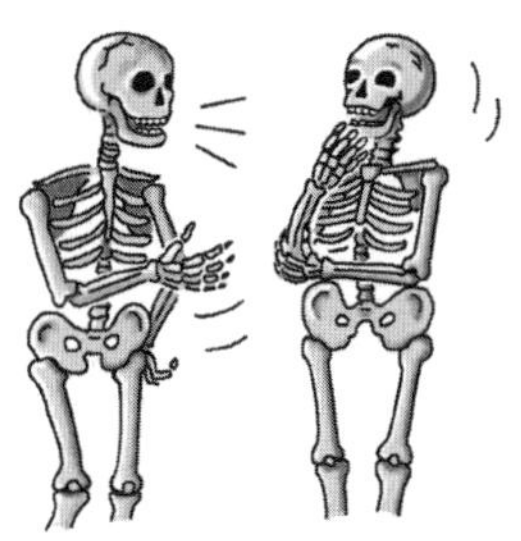

8

9
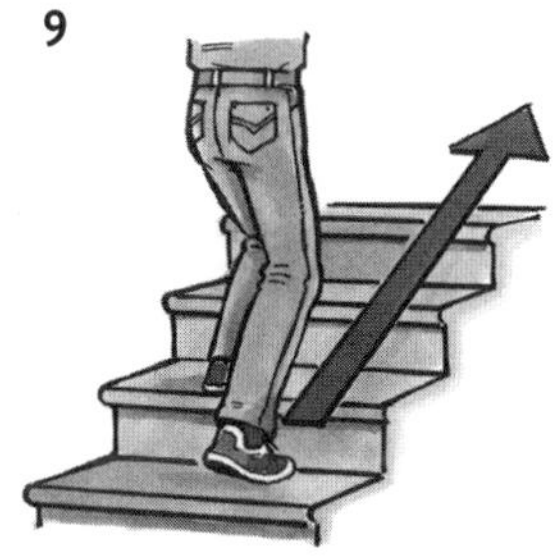

10

1. un									
2.									!
3. un									
4. un									
5. un									

6. des	o	s						
7. être								
8. un								
9. un								
10. une								

Le mot mystère est: _ _ _ _ _ o _ _ _ _

63 Histoires de verbes

Quel verbe va avec quel dessin? Ecris les verbes sous les images. Attention, il reste un verbe.

voir – appeler – ouvrir – entendre – monter – descendre – perdre

1. ______________________

2. ______________________

3. ______________________

4. ______________________

5. ______________________

6. ______________________

64 Des petits mots

Complète les phrases avec les petits mots suivants.

à propos – contre – souvent – quelqu'un – depuis – presque – tout à coup

1. Anatole va ______________________ à la boulangerie: le lundi, le mardi, le jeudi et le vendredi.
2. Mais qu'est-ce que tu as fait? J'attends ______________________ une heure!
3. – Tu as rencontré ______________________ en ville? – Oui, j'ai vu ton frère!
4. ______________________ de vampires, je connais une histoire très mystérieuse!
5. Il est 23h59, il est ______________________ minuit!
6. Il me déteste! Mais qu'est-ce qu'il a ______________________ moi?
7. J'ai regardé la télévision, et ______________________ un homme a ouvert la porte!

Tout compris?

A *Coche la ou les bonnes solutions.*

1. Dans un manga, il y a
☐ des pages.
☐ des portes.
☐ des dessins.

2. Dans les catacombes, il y a
☐ des souterrains.
☐ des crânes.
☐ des couloirs.

3. Qu'est-ce qui va avec «touriste»?
☐ un guide
☐ une visite
☐ un voyage

4. Ton copain/ta copine va faire un combat de judo. Tu dis:
☐ Bonne chance!
☐ J'en ai marre!
☐ Qu'est-ce que tu en penses?

5. On peut attendre
☐ depuis une heure.
☐ quelqu'un.
☐ presque deux heures.

6. A Paris, on peut visiter
☐ les égouts.
☐ les poubelles.
☐ les quiches.

B *Traduis.*

1. Eine geheimisvolle Reise ____________________

2. Vergessene Totenköpfe ____________________

3. Eine geöffnete Gittertür ____________________

4. Ein unglücklicher Zeichner ____________________

5. Ich habe die Nase voll! ____________________

C *Relie les mots ensemble.*

1. attendre	une porte
2. avoir peur d'	un coup de téléphone
3. ouvrir	des idées noires
4. descendre	un vampire
5. avoir	un escalier

STRATEGIE

Sein eigenes Memo-Spiel basteln
Auf getrennten Karteikarten die Vokabeln schreiben, einmal auf Deutsch, einmal auf Französisch. Die französischen Karten auf der Rückseite farbig markieren. Karten mit der Rückseite nach oben auf den Tisch legen.

Drehe jeweils zwei Karten um, eine „französische Karte" und eine „deutsche Karte". Passen die zwei Wörter zusammen – das französische Wort und seine deutsche Entsprechung –, wird das Paar aus dem Spiel herausgenommen und es wird weiter gespielt. Passen sie nicht zusammen, werden die zwei Karten wieder umgedreht und bleiben im Spiel. Es macht natürlich viel mehr Spaß, zu zweit zu spielen.

Variante für Künstler: Statt der deutschen Übersetzung, kannst du die Vokabeln zeichnen oder passende Bilder ausschneiden.

TU TE RAPPELLES? → Unité 2

1. Kann man etwas sehen?	On voit ______________?
2. Hast du Angst vor Schlangen?	Tu as ______________ serpents?
3. Es ist dunkel in den Katakomben.	Il fait ______________ dans les catacombes.
4. Wartest du auf jemanden?	Tu attends ______________?
5. Hast du deine Gruppe verloren?	Tu ______________ ton groupe?
6. Sieh mal, sie steigt aus dem Auto aus.	Regarde, elle ______________ de la voiture.
7. – Hast du keine Lust mehr die Katakomben zu besichtigen?	– Tu n'as plus envie de visiter ______________?
8. – Nein, ich hab die Nase (davon) voll.	– Non, ______________.
9. Die Kinder steigen in den Bus ein.	Les enfants ______________ dans le bus.

65 Anna n'a pas bien travaillé.

Complète le texte avec les syllabes qui manquent.

1. Anne regarde son bulle ________.
2. Elle n'a pas bien préparé sa le ________ de ________ gra ________.
3. Bien sûr, elle a une mauvaise ________ te à son ________ posé.
4. Son prof a laissé un ________ sage dans son car ________ de correspondance.
6. Anne ne va pas avoir la ________ enne ce ________ mestre.
7. Lucie et Gaspard vont aider Anne à avoir un bon résul ________ à sa prochaine ________ terroga ________.

66 Les mots du collège

Ecris les mots dans la grille et trouve le mot mystère.

1. Ça va de 0 à 20 en France. C'est une **?**.
2. Léa appelle Malik, mais il n'est pas là. Elle laisse un **?**.
3. Le prof n'est pas là. Les élèves vont en **?**.
4. Le prof écrit sur un **?**.
5. Antoine a huit sur vingt. Il n'a pas la **?**.
6. Luc écrit un **?** dans le journal du collège.
7. Un **?** reste avec les élèves dans la cour.
8. L'année scolaire a trois **?**.

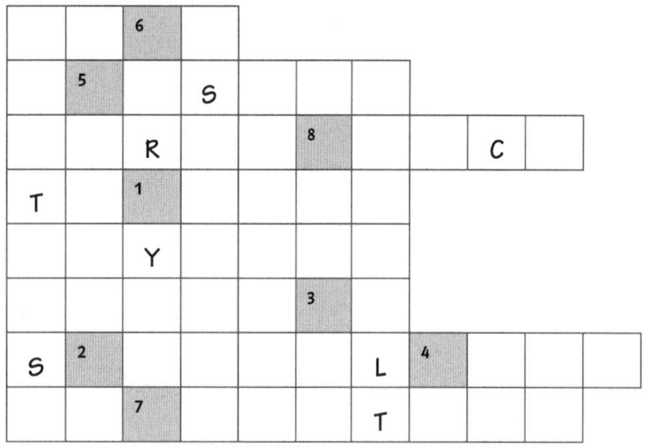

Le mot mystère est __ __ __ __ __ __ __ __ .
1 2 3 4 5 6 7 8

67 Réponds!

Qu'est-ce qu'on dit dans ces situations? Coche la bonne expression.

1. Was sagst du, wenn du zu etwas keine Lust hast?

☐ Pourquoi pas? ☐ Tu as raison. ☐ Ça ne me dit rien.

2. Du möchtest gerne in den Zirkus gehen.

☐ J'ai envie d'aller au cirque. ☐ Vas-y. ☐ Si tu veux.

3. Sacha würde lieber Fußball spielen. Was sagt er?

☐ Ce n'est pas mon truc. ☐ J'aime bien le foot. ☐ J'aimerais mieux jouer au foot.

4. Deine Freunde wollen ins Kino, du bist aber unentschlossen und sagst:

☐ Tu as raison. ☐ Je veux bien. ☐ Pourquoi pas?

68 Des intrus

Barre les intrus dans chaque liste.

un exposé	un bulletin	la course	un tableau	une dispute
une piste	la note	la géographie	une chaise	une information
un cahier de textes	la moyenne	le sport	la vie	un journal
une interrogation	un pays	l'allemand	un ordinateur	un article

69 Une course

Regarde les dessins et complète le texte avec les bons mots.

1. Thomas va aussi participer à la ______________  contre la faim.

2. Mais il est un peu timide, et ce n'est pas un grand ______________  .

3. Après 2 kilomètres, il veut déjà ______________ 

la course.

4. Thomas est très ______________  , mais il continue sa course.

5. Quand il arrive enfin, il entend des ______________  , et tout le monde

______________  Thomas. C'est un succès!

70 En un mot

Complète les abbréviations (Abkürzungen) suivantes.

le prof	esseur	une info		l'ordi	
la récré		la prof		la géo	

71 Quels sont les verbes?

Complète le texte avec le bon verbe.

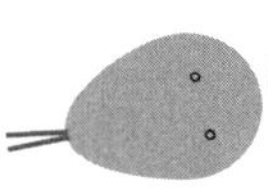
apprendsvenusparticiperfélicitéretournésvuorganisé

1. Après la course, les surveillants ont ______________ une fête pour les sportifs.

2. Antoine n'a pas pu ______________ à la course contre la faim, mais il a ______________ la course.

3. Au collège, j' ______________ le français.

4. Tout le monde a ______________ Sacha après la course.

5. Amina et Luc sont ______________ à la fête à 19h, mais ils sont ______________ à la maison à 20h.

Tout compris?

A *Coche la bonne réponse.*

1. Un prof est malade. Les élèves
- ☐ vont en permanence.
- ☐ vont dans le gymnase.
- ☐ retournent en cours.

2. Les notes en France vont de
- ☐ 1 à 6.
- ☐ 0 à 20.
- ☐ 1 à 18.

3. Dans la salle de classe, il y a
- ☐ un lit et un tableau.
- ☐ un jardin et des chaises.
- ☐ un tableau et des chaises.

4. Après chaque cours,
- ☐ il y a une récréation.
- ☐ les élèves ont une interrogation.
- ☐ les élèves changent de classe.

5. Dans un cahier de textes, les élèves
- ☐ écrivent des textes.
- ☐ notent leurs devoirs.
- ☐ lisent les SMS des copains.

6. En cours d'allemand, les élèves
- ☐ organisent des courses.
- ☐ font des exercices de sport.
- ☐ apprennent des nouveaux mots.

7. *Action contre la faim* aide
- ☐ les pays pauvres.
- ☐ les villes modernes.
- ☐ les personnes curieuses.

8. Tu expliques que tu n'aimes pas beaucoup le foot:
- ☐ C'est dommage.
- ☐ Ce n'est pas trop mon truc.
- ☐ Pourquoi pas?

B *Complète les phrases avec les mots suivants.*

paysfaimfélicitentplusieursparticipentsuccèsapplaudissements

1. Les élèves ____________________ Sacha.

2. Ils font une course contre la ____________________ pour un ____________________ pauvre.

3. ____________________ élèves ____________________ à la course.

4. Sacha a un grand ____________________ .

5. Il entend les ____________________ des copains.

STRATEGIE

Wenn du Wortschatz zu einem bestimmten Thema lernst oder wiederholst, erinnere dich an das Vokabelnetz. Du kannst Wörter besser behalten, wenn du sie vernetzt. Ein weiterer Vorteil ist, dass du bei dieser Gelegenheit auch Wörter wiederholst, die du schon früher gelernt (und vielleicht schon wieder vergessen) hast.

1. Suche dir einen zentralen Überbegriff für dein Vokabelnetz und schreibe ihn in die Mitte (z. B. ‚l'école')
2. Ordne um den Begriff alle Wörter, die damit zu tun haben und erstelle so ein Netz.

TU TE RAPPELLES? → Unité 3

1. Nach jeder Unterrichtsstunde <u>wechseln</u> die Schüler <u>den Klassenraum</u>.	Après chaque cours, les élèves ______________ ______________.
2. Marie hat ihr <u>Hausaufgabenheft</u> vergessen.	Marie a oublié son ______________.
3. Ich möchte gerne an dem Rennen <u>teilnehmen</u>.	Je voudrais ______________ à la course.
4. Das <u>sagt mir nichts</u>.	Ça ______________.
5. Ich möchte <u>einige</u> Informationen.	Je voudrais ______________ informations.
6. <u>Auf geht's!</u>	______________!
7. Er will <u>lange</u> durchhalten.	Il veut continuer ______________.
8. Er will nicht vor den anderen <u>aufhören</u>.	Il ne veut pas ______________ avant les autres.
9. Sie wollen <u>nächstes</u> Jahr <u>wiederkommen</u>.	Ils veulent ______________ l'année ______________.
10. Der Sportler mag den <u>Erfolg</u>.	Le sportif aime le ______________.

72 J'ai faim!

Complète la grille.

				1			u	i		Obst
		2	d	e						Nachtisch
			3	v	i	a				Fleisch
		4					a	g	e	Käse
			5	c	i				n	Zitrone
			6				a	d		Salat
				7			c	r		Zucker
8					i	s	s			Salami
					9	o	e			Ei
			10	y	a					Joghurt
			11			m	a			Tomate
			12	o			v			Oliven

TIPP

Mit Vokabeln kann auch zu zweit gespielt werden. Finde in einer Minute so viele Getränke wie möglich und schreibe sie auf – auf Französisch natürlich!

73 Ça va ensemble?

Prépare la carte du menu d'un restaurant français. Complète la grille.

A une boisson
B un dessert
C une entrée
D le fromage
E un plat principal
F un petit-déjeuner français

1. un steak-frites
2. des moules-frites
3. un gâteau
4. une salade de fruits
5. un café au lait
6. une mousse au chocolat
7. l'eau
8. une salade de tomates
9. un yaourt
10. le coca
11. un croissant
12. du pain, du beurre et de la confiture
13. une gaufre
14. le camembert

1.	2.	3.	4.	5.	6.	7.	8.	9.	10.	11.	12.	13.	14.

74 Il en faut combien?

Choisis la bonne quantité. Complète avec le mot correct.

TIPP
Mit Zeichnungen lernt es sich oft besser! Du kannst deine ganz individuelle Lernliste erstellen.

1. Je prends du jus de fruits?

– Oui, tu en prends trois **b** ________________ .

2. Il faut faire des frites.

– On a encore un **k** ________________ de pommes de terre.

3. Je mets combien de farine dans le gâteau?

– Tu en mets 200 **g** ________________ .

4. Dans la salade de tomates, je mets deux **c** ________________ d'huile d'olive!

5. Au petit-déjeuner, je bois toujours un **v** ________________ de lait.

75 Un repas

Numérote les actions dans l'ordre chronologique.
(Bringe die Tätigkeiten in die richtige Reihenfolge, nummeriere sie von 1 bis 5.)

manger ☐ mettre la table ☐ faire la cuisine ☐ écire une liste ☐ faire les courses ☐

76 Qu'est-ce qu'ils disent?

Coche la ou les bonne(s) réponse(s).

1. Il est malade. Il a mangé trop de chocolat et il a **?** un litre de coca!

- [ ] repris
- [ ] espéré
- [ ] bu

2. Au marché:
– Au revoir madame, merci. **?** maintenant?

- [ ] C'est gratuit!
- [ ] C'est à qui
- [ ] C'est pour qui

3. Je n'ai pas pris d'argent! Je ne peux **?**.

- [ ] rien acheter
- [ ] pas rigoler
- [ ] pas payer

4. Est-ce que tu peux me **?** le pain, s'il te plaît?

- [ ] passer
- [ ] goûter
- [ ] donner

5. *La prof*: Tu n'es pas concentré, tu es toujours **?**.

- [ ] dans le sable
- [ ] dans le sucre
- [ ] dans la lune

6. – Tu n'as pas encore fini l'exercice?
– Non, il est trop **?**.

- [ ] difficile
- [ ] facile
- [ ] grave

77 On met la table.

Déchiffre les mots et écris-les sur le dessin.
(Bringe die Wörter in Ordnung und schreibe sie mit Artikeln dahin, wo sie hingehören.)

TIPP
Mach dir eine Mindmap mit eigener Zeichnung zum Thema Tisch decken.

OURCHEFTTE RREVE LASADE INPA EAUTCOU ERÈLULICE SSITTAESE EUBOTELLI ERESIVETT

78 Les contraires

A *Trouve les contraires et colorie les paires de la même couleur comme dans l'exemple.*
(Finde die Gegensätze und male die beiden, die zusammenpassen, in derselben Farbe an.)

être triste | rigoler | mauvais | **le silence** | concentré | toujours | cher | pas encore | bon | gratuit | jamais | **le bruit** | facile | dans la lune | difficile | déjà

B *Complète le texte avec les mots de la partie A.*

1. Chut! Il faut du ____________ pour faire des exercices ____________.

2. – J'ai fait un gâteau au saucisson. Hmm, il est ____________ … – Mais, tu es fou! Un gâteau au saucisson?!, c'est ____________! **3.** Est-ce que Léo est allé chercher du pain? – Oui, mais il oublié son vélo devant la boulangerie! Il est vraiment ____________! **4.** – Alors, qu'est-ce que vous en pensez, est-ce que l'interro a été ____________? – Oui, le français, ce n'est pas ____________, je vais avoir une super note!

79 Il en faut combien?

Donne les résultats en chiffres. Les solutions sont à droite!

1. deux cent quatre-vingts + cent vingt-quatre = ____________

2. cent quatre-vingt dix-huit – vingt-sept = ____________

3. deux cent quatre-vingt dix-huit – cent deux = ____________

4. cent soixante-quatorze + quinze = ____________

80 Une invitée difficile …

Complète les phrases avec les verbes suivants.

espérer | aller chercher | ne pas avoir le temps | boire | préférer | goûter

1. J'____________ que tu aimes les moules! C'est mon plat préféré!

2. Bof! Moi, je ____________ la viande.

3. – Je ne ____________ pas d'eau. – Alors, je ____________ du jus de fruit.

4. – Tu veux ____________? – Non, je ____________!

Tout compris?

A *Coche la ou les bonnes solutions.*

1. On peut manger
- [ ] une boisson.
- [ ] du chocolat.
- [ ] du pain.

2. On peut boire
- [ ] du lait.
- [ ] une bouteille de jus de fruits.
- [ ] du café.

3. Dans un gâteau, on peut mettre
- [ ] du sucre.
- [ ] de la farine.
- [ ] des œufs.

4. Après l'entrée, on mange
- [ ] le plat principal.
- [ ] le fromage.
- [ ] le dessert.

5. Sur la table, on met
- [ ] des assiettes.
- [ ] des fourchettes.
- [ ] des chaises.

6. A table, on peut mettre ses mains dans
- [ ] une assiette.
- [ ] une serviette.
- [ ] un rince-doigt.

B *Lis les définitions et trouve les mots.*

1. C'est une personne qui vient manger chez toi. ______________________

2. On peut en mettre dans les gâteaux, c'est noir, au lait ou blanc. ______________________

3. C'est bon sur le pain au petit-déjeuner. C'est un peu jaune et on le fait avec du lait ______________________

4. Quand on fait des courses, il faut faire ça à la fin avec des euros. ______________________

5. Prendre un petit peu d'un plat pour voir si c'est bon. ______________________

C *Relie.*

1. Il peut boire	le gâteau que tu as fait?
2. Est-ce que je peux goûter	la salade de tomates.
3. Dans le sac, il y a deux kilos	un litre de jus de fruits.
4. Il ne faut pas oublier l'huile dans	de pommes de terre.

STRATEGIE

Mit Themenfeldern arbeiten

In dieser Unité rund um das Kochen möchte das Auge auch mitessen!

Es gibt verschiedene Möglichkeiten, Themenfelder zu erstellen. Du kannst mit Bildern arbeiten, z. B. rund um das Thema „desserts".

Deine Themenfelder kannst du im Laufe der Lektionen ergänzen.

Du kannst die Darstellung verändern und je nach Thema gestalten. Es muss für dich effektiv sein.

TU TE RAPPELLES? → Unité 4

1. Verrückt auf kochen!	________ de cuisine!
2. Papa geht einkaufen.	Papa ________.
3. Alles muss vorbereitet sein.	________ tout préparer.
4. Muscheln sind leicht zuzubereiten.	Les moules, c'est très ________.
5. Nun sind die Gäste angekommen.	Et voilà, ________ sont arrivés.
6. Er hat noch nie Muscheln gegessen.	Il ________ a ________ mangé de moules.
7. Nach der Vorspeise gibt es das Hauptgericht.	Après l'entrée, il y a ________.
8. Gibst du mir bitte das Brot?	Tu ________ le pain, s'il te plaît?

81 Vive la mer!

Fais les mots croisés et trouve la solution.

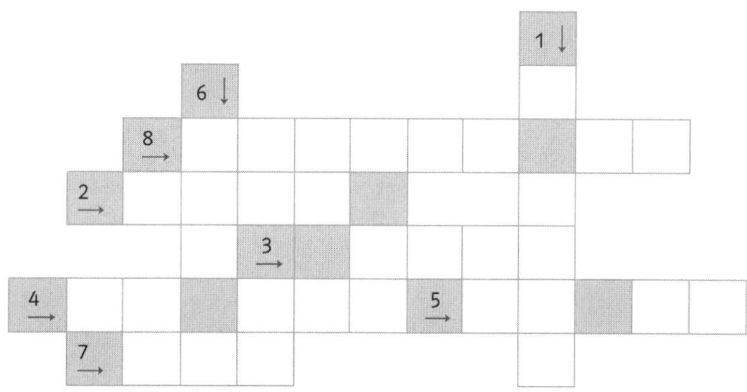

Solution:

la ___ ___ ___ ___ ___
3 4 1 5 2

82 Les quatre saisons

Trouve la bonne saison.

1. C'est la saison où il y a souvent du vent et où il pleut beaucoup. Les arbres perdent leurs feuilles.

   C'est ________________.

2. C'est la saison des grandes vacances. Il y a beaucoup de soleil et il fait chaud.

   C'est ________________.

3. C'est la saison de Noël et du Nouvel An. Il neige souvent.

   C'est ________________.

4. C'est la saison où il commence à faire plus beau et plus chaud.

   C'est ________________.

83 En route pour les vacances!

Qu'est-ce que les panneaux signifient? (Auf was weisen die Schilder hin?)

1. ____________

2. ____________

3. ____________

4. ____________

5. ____________

6. ____________

84 Un coup de soleil

Julien a attrapé un coup de soleil (hat sich einen Sonnenstich eingefangen). Maintenant, il envoie un e-mail bizarre à sa copine. Mets les mots surlignés (markierte Wörter) dans le bon ordre.

de:	chabada2@hotmail.com
date:	jeudi 21 juillet 2011 14:04
à:	globulon17@net.fr
objet:	Merci!

Je suis en vacances à Arcachon, dans le sud-ouest de ma fenêtre. Nous habitons dans un ballon à côté de la dune du Pilat. Je dors[1] sur un arbre. Une glace donne sur un canapé dans le jardin. Dans ma valise, j'ai des huîtres, une radio et la pause. Papa crie: «En voiture! On va à Bordeaux.» Il a fait des sandwichs pour la France.
Ce soir, on mange un baladeur mp3, puis un gîte pour le dessert.

Je suis en vacances à Arcachon, dans le sud-ouest de la France ____________. Nous habitons dans ____________ près de la dune du Pilat. Je dors sur ____________. ____________ donne sur ____________ dans le jardin. Dans ma valise, j'ai ____________, une radio et ____________. Papa crie: «En voiture! On va à Bordeaux.» Il a fait des sandwichs pour ____________.

Ce soir, on mange ____________, puis ____________ pour le dessert.

85 Ça va ensemble?

*Complète les phrases avec la bonne forme de **plaire**, **dire**, **lancer** et **envoyer**.*

1. Il va ____________ un ballon.

2. Il ____________ un MMS.

3. Ils ____________ bonjour.

4. La musique lui ____________.

---
1 dormir schlafen

Tout compris?

A *Ecris les noms des saisons.*

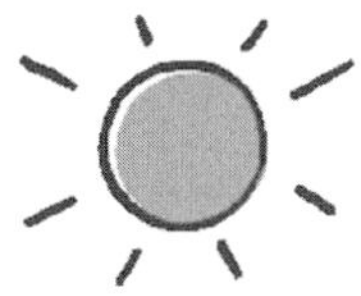

1. l' ____________ **2.** ____________ **3.** ____________ **4.** ____________

B *Tu connais le vocabulaire de la mer? Complète avec les mots suivants.*

plage · sable · mer · vagues · bord · dune · bateau

1. On fait du skimboard sur les ____________ .

2. Sur une ____________, il y a beaucoup de ____________ .

3. Pour traverser la ____________, il faut prendre le ____________ .

4. Au ____________ de l'eau, il y a la ____________ .

C *Coche.*

1. Le péage, c'est
- ☐ au bord de la mer.
- ☐ sur une aire de repos.
- ☐ sur l'autoroute.

2. Sur une aire de repos,
- ☐ on fait du skimboard.
- ☐ on fait une pause.
- ☐ on passe les vacances.

3. Un gîte, c'est
- ☐ comme un hôtel.
- ☐ comme une voiture.
- ☐ comme un jardin.

4. On peut emporter
- ☐ une vague.
- ☐ l'hiver.
- ☐ une glace.

D *Traduis.*

1. Mein Fenster zeigt zum Garten. ____________________

2. Es interessiert mich. ____________________

3. Ich versende eine SMS. ____________________

4. Ich werfe einen Ball. ____________________

STRATEGIE

Vokabeln mit dem Computer lernen

Wenn du zu Hause einen Computer hast, dann kannst du ihn sinnvoll nutzen, um Vokabeln zu lernen. Beispielsweise gibt es passend zu Découvertes einen Sprachtrainer, mit dem du Vokabeln und viele andere Dinge üben und wiederholen kannst.
Aber auch im Internet gibt es eine Menge an kostenloser Software, in die du neue Wörter eintragen kannst. Der Computer fragt die Wörter ab und meldet dir automatisch zurück, wie sicher du sie bereits beherrschst. Achtung! Achte gut darauf, dass du die Wörter beim Eingeben richtig schreibst, sonst prägst du sie dir falsch ein.

TU TE RAPPELLES? → Unité 5

1. Es sind Frühlingsferien.	C'est les vacances de ________________.
2. Im Südwesten Frankreichs gibt es schöne Strände.	Dans le sud-ouest de la France, il y a de jolies ________.
3. Papa, ich möchte das Radio einschalten.	Papa, je voudrais mettre ________________.
4. In der Sonne ist es sehr heiß.	Il fait très chaud ____________.
5. Das Fenster liegt zum Garten hin.	La fenêtre donne sur le __________.
6. Jérôme sagt, dass das nicht gerecht ist.	Jérôme dit que ce n'est pas __________.
7. Am Strand spielen die Leute Ball.	Sur la plage, les gens jouent ________________.
8. Alex fällt in den Sand.	Alex tombe sur ____________.
9. Die Wellen nehmen mein Skimbord mit.	Les vagues ________________ mon skimboard.
10. Mein Bein und mein Rücken tun mir weh.	J'ai mal à la jambe et au __________.
11. Bist du nicht von hier?	Tu n'es pas __________?

86 Mots croisés

Complète la grille pour trouver le mot mystère.

1. La presse, la télévision et l'Internet sont des **?**.
2. Quelqu'un qui n'a pas encore 20 ans, c'est un(e) **?**.
3. Un mot plus court pour Internet, c'est le **?**.
4. C'est un synonyme de «e-mail»: c'est un **?**.
5. Un ordinateur qu'on emporte est un **?**.
6. Sur Facebook, on peut rester en **?** avec ses amis.
7. Si on cherche une info, on peut **?** sur Internet.
8. On va mettre l'article sur le **?** de notre collège.

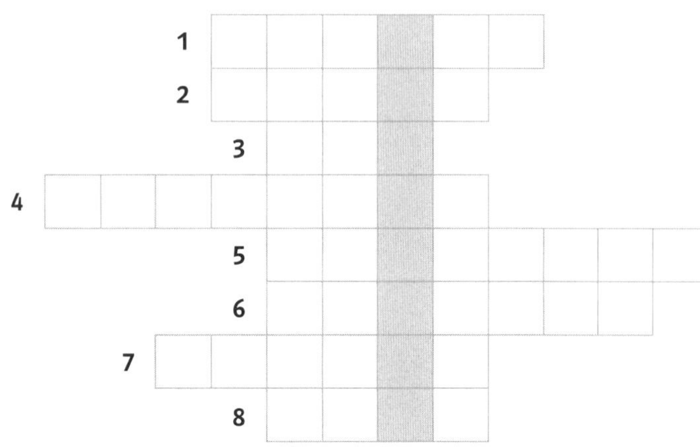

Le mot mystère: J'adore surfer sur ___ ___ ___ ___ ___ ___ ___ ___ !

87 Le journal de notre collège

Tu travailles pour le journal de ton collège. Ton prof te demande de faire un portrait (Steckbrief) du journal pour votre école partenaire (Partnerschule) en France. Complète la fiche.

«Schulzeit», le journal de notre collège		
– l' ________________	Tom, Elena, Piet, Marco, Erza, Felix	Team
– les ________________	le collège, le sport, le cinéma, la mode, …	Themen
– la prochaine ________________	Spécial «Etre nouveau dans notre collège.»	Ausgabe
– le ________________ de sport	Piet	Redakteur
– la ________________ de mode	Elena	Redakteurin
– le ________________ @	Internet et les médias	Rubrik
– notre ________________	Redaktion «Schulzeit» am Heine-Gymnasium	Kontakt

88 Un coin pour tous

Trouve les mots puis écris-les dans le bon groupe.

unblogunecomédiesurferuncourrieldessinaniméunfilmd'horreur

uninstrumentunsiteunfestivalunemélodielerythmeunesérietélévisée

Sur le net

la musique

A la télé

89 Contraire ou synonyme?

Est-ce que ce sont des contraires (≠) ou des synonymes (=)? Mets les symboles ≠ ou = dans le tableau.

1. partir		sortir	**2.** simple		facile	**3.** long		court
4. donner		recevoir	**5.** perdre		gagner	**6.** difficile		simple
7. dormir		aller au lit	**8.** le net		internet	**9.** un ordi		un portable

90 Nous aimons le cinéma.

Tu aimes le cinéma? Lis les phrases et complète avec le bon adjectif.

1. Jean Dujardin est un acteur très ____________________.
   Il a plus de 500.000 fans sur Facebook.
2. Aller au cinéma, c'est très ____________________ pour moi.
   J'adore les ____________________ films en noir et blanc.
3. Quel est ton film ____________________?
   – C'est «Bienvenue chez les Ch'tis», un film très drôle.
4. Trouver des bons films, c'est facile. Tu cherches sur Internet,
   c'est très ____________________!
5. Tu n'aimes pas les films? C'est un peu ____________________ je trouve.
   – Oui, je suis ____________________.

nnuco
tantporim
xvieu
prfrééé
pleism
spécila
fférentdi

91 Qu'est-ce que tu dis quand …

Tu connais ces situations? Qu'est-ce que tu dis en français?
Ecris le numéro de la situation sous la bulle (unter die Sprechblase).

C'est mon tour. ☐

C'est à la mode! ☐

Vous n'êtes vraiment pas drôles! ☐

Bon courage! ☐

Ce n'est pas mon style. ☐

Oh là là, attention! On n'a pas le droit! ☐

1. Du stehst ganz vorne am Kiosk und jemand drängelt sich vor.
2. Deine Mutter hat dir eine Jacke gekauft, die dir nicht gefällt.
3. Deine Freunde schlagen vor, bei der Klassenarbeit zu mogeln.
4. Dein bester Freund hat morgen eine Prüfung.
5. Du möchtest deine neue Frisur verteidigen.
6. Du erzählst einen Witz, den leider niemand versteht.

92 Un groupe pas comme les autres ...

Thomas veut former un groupe (eine Band gründen). Qui fait quoi? Complète.

Marie

Jérémy

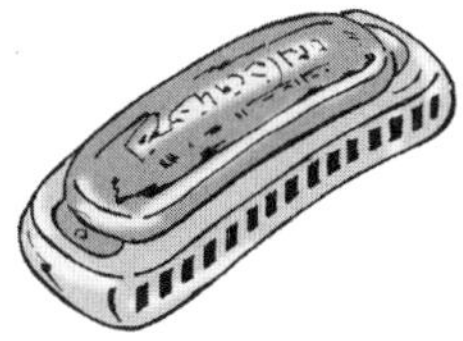
Benoît

Thérésa

Juliette

1. Son amie Marie sait bien chanter. Elle a une très belle ____________________.

2. Jérémy ne perd jamais le rythme. Il joue de ____________________.

3. Benoît joue de ____________________ et Thérésa fait du ____________________.

4. Avec Juliette qui fait du ____________________, on va faire de la musique pop!

93 Un reportage sur le festival du cinéma

Complète les phrases avec les bons verbes.

1. Un grand festival du cinéma ____________________ *(findet statt)* cette semaine. **2.** C'est pourquoi je ____________________ *(muss)* écrire un reportage pour mon blog. **3.** Je ____________________ *(verbringe)* beaucoup de temps à écrire des articles sur le cinéma. **4.** Ce soir, un film d'horreur ____________________ *(läuft)* au «Rex». **5.** L'histoire ____________________ *(spielt sich ab)* au Canada. **6.** Pour moi, une vie sans cinéma, c'est difficile à ____________________ *(sich vorzustellen)*. **7.** Ce soir, j'ai vu un film qui ____________________ *(hat erhalten)* beaucoup de prix. **8.** Je suis sûre qu'il ____________________ *(gewinnt)* encore un Oscar.

94 C'est important dans la vie.

Voici des idées de ce qui est (darüber, was) important dans la vie.

1. Dans dix ans, Paul veut être rédacteur. Pour lui, rédacteur, c'est un ____________________  super!

2. Valentine aime ne rien faire. Son rêve: ____________________  toute la journée sur la plage.

3. Marie a un copain et elle pense déjà au mariage. Pour elle, l' ____________________  est très important.

4. Justine et Victor aiment la musique gothique. Ils ont un ____________________  différent des autres.

Tout compris?

A *Traduis.*

eine Redakteurin ______ eine Ausgabe ______ eine Rubrik ______ ein Thema ______

B *Relie.*

1. la voix	**a)** le suspense
2. un roman policier	**b)** un portable
3. la batterie	**c)** le saxophone
4. un site Internet	**d)** une mélodie
5. un instrument	**e)** le rythme

C *Coche le bon verbe.*

1. ? un instrument
- ☐ jouer d'
- ☐ jouer à
- ☐ jouer

2. ? un film au cinéma
- ☐ partir
- ☐ passer
- ☐ se dérouler

3. ? une histoire
- ☐ imaginer
- ☐ devoir
- ☐ se dérouler

4. ? un prix
- ☐ recevoir
- ☐ partir
- ☐ devoir

D *Comment tu dis? Traduis.*

1. Viel Erfolg! Bon ______!

2. Das liegt sehr im Trend. C' ______

3. Ich bin dran. C' ______

STRATEGIE

Mit Freunden Vokabeln lernen
Im Team lernt es sich besonders gut. Wenn du dich auf einen Vokabeltest oder eine Klassenarbeit vorbereiten möchtest, dann suche dir einen Lernpartner. Hier sind einige Vorschläge, was euch beim gemeinsamen Vokabellernen helfen kann:

- Fragt euch gegenseitig auf dem Schulhof oder im Bus ab.
- Erfindet für euren Lernpartner kleine Rätsel, deren Lösung eine Vokabel ist.
- Bastelt jeweils 10 (oder mehr) Vokabelkärtchen. Fragt euch ab. Wer die Vokabel wusste, darf die Karte behalten. Am Ende gewinnt, wer die meisten Karten hat.
- Besorgt euch jeweils eine Stoppuhr und veranstaltet einen Blitz-Vokabel-Wettbewerb. Ähnlich wie beim Blitz-Schach habt ihr nur ganz wenig Zeit zum Überlegen. Gewonnen hat, wer die meisten Vokabeln in der kürzesten Zeit gewusst hat.

Tu te rappelles? → Unité 6

1. Coralie ist im Team der Zeitung „Boléro".	Coralie est dans ___ du journal «Boléro».
2. Hier ist unsere neueste / letzte Ausgabe.	Voici notre dernière ___.
3. Viel Erfolg! / Viel Glück!	___!
4. Ich liebe es, im Internet zu surfen.	J'aime ___ sur Internet.
5. Ihre Stimme ist schön und voll cool.	Sa ___ est belle et cool!
6. Sie verbringen die Nacht damit, zu chatten.	Ils ___ à chatter.
7. Es ist schwer, sich das vorzustellen.	C'est difficile à ___.
8. Pizzas zum Mitnehmen!	Pizzas ___!
9. Hast du meinen Brief bekommen?	Tu as ___ ma lettre?
10. Der Mann bittet um Geld.	L'homme demande de ___.
11. Dieser Film läuft diese Woche im Kino.	Ce film ___ cette semaine au cinéma.

95 Simple comme bonjour?

Complète le texte avec les mots donnés.

cirque, atelier, clown, jongler, l'équilibre, sérieux, balles, seulement

– Je veux être un ___  !

– Toi? Mais tu ne rigoles jamais. Tu es toujours très ___!

– Oui, mais je vais faire un ___ des arts du ___  .

– Tu sais faire de ___ sur les mains?

– Non, mais je sais déjà ___  .

– Et tu réussis à jongler avec combien de ___?

– Euh … avec ___ deux. Mais c'est déjà bien, non?

96 La fête du sport

On prépare la fête du sport. Qui va participer à quelle activité? Relie.

1. Coralie sait faire de l'équilibre.	le parachutisme
2. Romain n'a jamais peur et est très courageux.	le trampoline
3. Jérémy bouge tout le temps et adore sauter.	la corde molle
4. Baptiste aime les sports de combat.	l'escrime

97 SNIF!

Coche le verbe ou les verbes qui peuvent remplacer (ersetzen) **SNIF!**.

1. Super! J'ai **SNIF!** l'interro.	☐ fini	☐ choisi	☐ réfléchi
2. Attends, je **SNIF!** pour trouver une solution.	☐ réfléchis	☐ choisis	☐ réussis
3. Est-ce que tu as **SNIF!** ton atelier?	☐ choisi	☐ finis	☐ réfléchi
4. Il faut **SNIF!** un endroit pour la fête du sport.	☐ réfléchir	☐ choisir	☐ réussir
5. Regarde, je **SNIF!** à faire l'équilibre sur les mains.	☐ choisis	☐ finis	☐ réussis

98 Des rêves plein la tête

De quoi est-ce que les jeunes rêvent?

1 

Lucas rêve d'avoir plus d'__________ de poche.

2 

Sarah rêve d'avoir __________________.

3 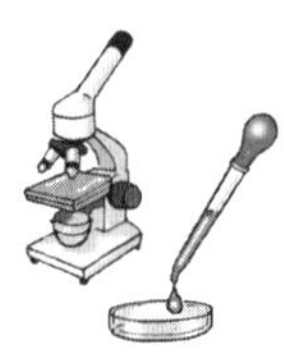

Jonathan rêve de devenir __________________.

4 

Léa déteste la ville, elle rêve d'habiter à __________________.

99 Qu'est-ce qu'on dit?

Ecris ce qu'on peut dire dans ces situations.

1. Du möchtest jemanden beruhigen. ______________________________
2. Du findest etwas unmöglich. ______________________________
3. Du bist derselben Meinung wie jemand ______________________________
4. Du möchtest wissen, was los ist. ______________________________

Tout compris?

A *Coche la bonne solution.*

1. Bravo! Tu as réussi …

- [ ] à jongler.
- [ ] jongler.
- [ ] de jongler.

2. Tu choisis …

- [ ] une activité.
- [ ] à une activité.
- [ ] sur une activité.

B *Traduis.*

1. Ich springe gerne Fallschirm. — J'aime ______________________

2. Ich kann mit drei Bällen jonglieren. — Je sais ______________________

3. Ich habe Angst vorm Bungeejumping. — J'ai peur du ______________________

4. Ich bin in einem Zirkuskunst-Verein. — Je suis dans un club des ______________________

C *Relie.*

1. J'ai perdu mes clés. Qu'est-ce qu'on va faire?	De rien.
2. J'ai peur du saut à l'élastique.	Qu'est-ce qui se passe? Tu es triste?
3. Snif!	Ne t'en fais pas. Ce n'est pas dangereux.
4. Merci pour l'atelier.	Ce n'est pas grave. On va trouver une solution.
5. C'est difficile de faire de la corde molle.	Je suis de ton avis, ce n'est pas facile.

STRATEGIE

Eselsbrücken helfen beim Vokabellernen
Sicherlich gibt es einige Wörter, die du dir nur schwer merken kannst. Das ist ganz normal. Probiere, für solche Wörter eine Eselsbrücke zu finden. Du kannst zum Beispiel an ähnliche deutsche Begriffe denken. Auch das Englische kann dir oft weiterhelfen. Manchmal gibt es auch gleichlautende Worte, die ähnliche oder entfernte Bedeutung im Deutschen haben, z.B.

- **le saut à l'élastique:** Denke an ein elastisches Gummiband.
- **l'art:** Denke an das Englische: Kunst heißt art.
- **choisir:** Denke an das Englische: to choose, the choice.
- **finir:** Denke an den Spruch „Aus, vorbei, finito!"
- **mou/molle:** Denke an die Tonart Moll in der Musik. Lieder in Moll sind oft weich und traurig.
- **une asperge:** Denke an das Wort Spargel.

Die hier aufgeführten Beispiele können dir nur dann helfen, wenn du die Eselsbrücke leicht behalten kannst. Versuche selber einmal, dir für einige Wörter Eselsbrücken zu bauen.

1 Un mot mystère

A

1. un	**C**	H	A	T				
2. un	M	**O**	N	S	I	E	U	R
3.	**P**	A	R	I	S			
4. une	F	**I**	L	L	E			
5. un	G	A	R	Ç	O	**N**		
6. un	C	H	I	**E**	N			

Mot mystère: copine

B **1.** Malabar est un **chat**? – Mais non, c'est un **chien**. **2.** Léo est un copain d'Alex? – Oui. Alex est une **copine** de Léo. **3.** Alex est un **garçon**? – Mais non, Alex est une **fille**. **4.** Mme Latière est un **monsieur**? – Mme Latière? C'est une dame! **5.** Tu es de **Paris**? – Non, je suis de Berlin.

2 C'est [ɔ̃], [ɑ̃] ou [ɛ̃]?

[ɔ̃] wie Manon: attenti**on**, pard**on**, b**on**jour, garç**on**
[ɑ̃] wie Clément: att**en**tion, comm**en**t, f**an**tastique
[ɛ̃] wie Romain: cop**ain**, bi**en**, chi**en**

3 Huit mots

B	**I**	**Z**	**A**	**R**	**R**	**E**	W	P	O	**M**
J	M	Y	A	G	H	Z	C	W	B	**E**
A	F	X	G	T	Y	**M**	U	E	M	**R**
O	S	F	Z	K	J	**A**	L	**B**	V	**C**
U	D	**A**	**U**	**S**	**S**	**I**	R	**I**	**C**	**I**
I	M	G	H	K	A	**S**	V	**E**	Q	T
D	B	E	H	K	S	Q	B	**N**	D	R
B	I	F	**S**	**U**	**P**	**E**	**R**	L	T	A

1. mais **2.** bien **3.** bizarre **4.** ici **5.** super **6.** merci **7.** oui **8.** aussi

4 Bizarre, bizarre …

1. Attention! **2.** C'est bizarre! **3.** Viens vite! **4.** Au revoir. **5.** Salut!

5 Un peu de maths …

2. 8 **3.** 7 **4.** 5 **5.** 12 **6.** 9

Tout compris?

A **1.** Un garçon – Attention! **2.** Bien – un chien **3.** Comment? – Clément
B un monsieur – un papa – un chat – une fille – un garçon – un copain – un chien – une dame
C **1.** Nicolas est de Paris? **2.** Bonjour, madame. **3.** Voilà Nathalie. **4.** Au revoir, Marie. **5.** Zoé est une copine. **6.** Ça va?
D **2.** onze **3.** sept **4.** dix

TU TE RAPPELLES?

1. **Viens** papa! Vite!
2. Bonjour, je **m'appelle** Marie.
3. **Attention**, Moustique! Non!
4. **C'est** Moustique.
5. Moi, je suis Marie. Et **toi**?
6. Ça va? – Oui, ça va bien, **merci**.
7. Léo **est** de Paris.
8. Marie est de Paris **aussi**.
9. Moustique est un **chat**? – Non, c'est un **chien**.
10. Bonjour, **madame**!
11. Au revoir, **monsieur**!

6 Les mots en deux

le sport:
le judo, le foot, le vélo, le rugby, la gymnastique
la musique:
la techno, le rock, la chanson, le rap, la musique classique

7 Oui-Non

un frère ≠ une sœur; aimer ≠ détester; un ami ≠ une amie; la maison ≠ l'école; Super! ≠ C'est une catastrophe!; trouver ≠ chercher

8 Dans la maison de la presse

				1	**G**	O	M	M	E
		2	C	R	**A**	Y	O	N	
				3	**B**	D			
	4	L	I	V	**R**	E			
	5	A	F	F	**I**	C	H	E	
6	C	A	H	I	**E**	R			
	7	S	T	Y	**L**	O			

9 Avec un accent?

Voilà madame Latière, la grand-mère d'Alex. - Bonjour, madame, Alex est là? - Non. - Elle est où? Elle est à l'école? - Non, elle est avec Marie. Elles écoutent des chansons françaises avec des garçons. - Elles aiment les chansons? - Oui, mais elles détestent la techno.

10 Où sont les verbes?

1. regarder **2.** chercher **3.** porter **4.** arriver **5.** trouver **6.** entrer

11 Qu'est-ce qu'il fait?

Travailler - Elles travaillent pour l'école.
Ecouter - Tu écoutes une chanson?
Porter - Il porte un livre.
Entrer - L'éléphant entre dans la maison.

12 Qui est Thomas?

1. Léa et Thomas sont frère et **sœur**. Ils habitent **dans** une maison **à** Brest dans la **rue** Leclerc. Ils habitent là **avec** Mme Lebrun. **2.** Mme Lebrun est la **grand-mère** de Thomas et Léa. **3.** Gaspard est l'**ami** de Thomas et il **trouve** Léa très **sympa**... Thomas et Gaspard **aiment** le sport, mais Léa déteste **ça**.

Tout compris?

A **1.** Malabar est le chien de Léo. **2.** Alex habite rue Nollet. **3.** Jérôme est le frère d'Alex. **4.** Alex est une fille. **5.** Léo parle avec une dame. **6.** Dans le sac de Marie, il y a un livre.

B **1.** Marie et Alex sont devant le magasin de Mme Latière. **2.** Le garçon est dans la rue. **3.** Le chien entre dans le magasin. **4.** Le chat est dans un carton. **5.** Le chien cherche le chat. **6.** C'est une catastrophe!

TU TE RAPPELLES?

1. C'est un **magasin** à Paris.
2. Léo **regarde** une BD.
3. Un monsieur **parle avec** Malabar.
4. Marie **arrive**. Elle **cherche** Léo.
5. C'est **un truc** bizarre.
6. Ah, tu es **là**!
7. Tu **travailles** pour l'école?
8. On **est en vacances**.
9. Lucie est **l'amie** d'Anne.
10. J'**habite** à Paris.
11. **Qu'est-ce que** tu aimes?
12. Tu es **d'accord**?

13 Jeu de sons

[o] Allô? - gâteau - bientôt - aujourd'hui
[ɑ̃] envie - maintenant - chambre - France - ensemble
[ɛ̃] inviter - demain - faim
[ɔ̃] bon - onze

14 L'anniversaire

1. Un ordinateur **2.** des livres **3.** des CD **4.** un vélo **5.** des bougies **6.** des cadeaux **7.** un jeu vidéo **8.** des gâteaux

15 Quand c'est mon anniversaire, ...

A **1.** Inviter ses copains **2.** Préparer un gâteau **3.** Ranger sa chambre **4.** Ecouter des CD **5.** Avoir douze ans

B **1.** Quand c'est mon anniversaire, je **range** ma chambre et maman **prépare** un gâteau. **2.** Quand le gâteau est là, j'**invite** mes amis. **3.** Quand mes amis arrivent, ils **chantent** «Joyeux anniversaire». **4.** Quand on chante, je **souffle** les bougies sur le gâteau. **5.** Et quand nous avons faim, on **mange** le gâteau. Mmm ...

16 Voilà ma famille!

A (1) Parents (2) Frère (3) Père (4) Tante (5) Cousins (6) Oncle (7) Grands-parents (8) Grand-père (9) Grand-mère (10) Mère (11) Sœur (12) Cousine

B (1) Parents (4) Tante (5) Cousins (6) Oncle (7) Grands-parents (11) Sœur

17 Tu arrives aujourd'hui?

Son père: Allô, Fabien? C'est papa.
Fabien: Papa? Tu es **maintenant** dans le train?
Son père: Non, je suis **encore** en Allemagne.
Fabien: Oh, non, papa!!! **Demain**, c'est mon anniversaire!
Son père: Ah, bon? Et tu as quel âge? Onze ans?
Fabien: Mais, non, papa!!! J'ai **bientôt** DOUZE ans!!
Son père: Ohhh… Alors demain, on mange **d'abord** le gâteau et …
Fabien: … et **puis**? On regarde un DVD, d'accord?
Son père: **Bien sûr**, Fabien. Demain, c'est ton anniversaire et tu as 12 ans!

18 Une surprise

Aujourd'hui, c'est l'**anniversaire** de Leonie. Mais sa **mère** n'est pas là. Elle travaille en **France** . Mais Leonie a une **idée**. **Il y a** un **train** de **Cologne** à Paris dans deux heures. Elle parle avec sa **sœur** Anna: «Anna, tu as **envie** de voir maman?» Bien sûr! **Bientôt**, les deux **enfants** arrivent à Paris **ensemble**. Ça, c'est une **surprise**! …

19 dix, vingt, trente …

2. 18; **3.** 27; **4.** 27; **5.** 9; **6.** 28; **7.** 12; **8.** 17; **9.** 23

20 L'anniversaire de Moustique

A					7	**J**	U	I	L	L	E	T
				3	M	**A**	R	S				
		6	J	U	I	**N**						
				4	A	**V**	R	I	L			
			5	M	A	**I**						
		12	D	É	C	**E**	M	B	R	E		
10	O	C	T	O	B	**R**	E					

B février, août, septembre, novembre

Tout compris?

A **1.** un gâteau **2.** une historie **3.** un jeu vidéo **4.** un cadeau **5.** un DVD
B premier – la bougie – une famille – ensemble
C **1.** des cadeaux **2.** ma tante **3.** je souffle les bougies sur mon gâteau **4.** Demain, c'est le 3 novembre.
D le 12 juin – le 22 juillet – le 5 août – le 1er octobre

TU TE RAPPELLES?

1. C'est **bientôt** l'anniversaire de Léo.
2. On cherche un cadeau **ensemble**?
3. Tu es là **demain**?
4. C'est **dommage**!
5. Mme Pirou prépare un **gâteau** .
6. Toujours des **histoires**.
7. Vous avez **faim**?
8. L'**année** a 12 mois.
9. Mehdi **a onze ans**.
10. L'anniversaire de Marie, c'est le **premier** mars.

21 Ce ne sont pas mes affaires!

un lit – la récréation – une place – un CDI – une main

22 Un exercice de maths!

2. 34; **3.** 28; **4.** 60; **5.** 56

23 Où sont les verbes?

1. raconter des histoires. **2. commencer** les cours à huit heures. **3. cliquer** sur Internet. **4. rentrer** à la maison après le collège. **5. faire** ses devoirs au CDI. **6. retrouver** ses copains. **7. discuter** avec un copain. **8. aller** au collège avec le bus.

24 On cherche nos affaires!

1. M. Robert est dans le train. **2.** Minou est sous le lit. **3.** Un élève est à l'infirmerie. **4.** Le chat est derrière la télévision. **5.** Le garçon est dans le lit. **6.** La fille est à la cantine. **7.** Moustique est devant la télévision.
8. Les élèves sont dans la salle de cours.

25 L'alphabet top secret

A **1.** A l'école, il y a des profs et des **élèves**. **2.** Aïe! Mon pied! Je vais à l'**infirmerie**. **3.** Dans une heure, il y a 60 **minutes**. **4.** Ouf! C'est la **récréation**, alors les enfants jouent dans la cour. **5.** Après le collège, à la maison, on fait les **devoirs**. **6.** Maintenant, tu fais un **exercice** dans ton cahier. **7.** «On a maths demain?» – «Regarde dans ton **emploi du temps**.»
B **Moi, j'adore les interros**!

26 Un rendez-vous! Oui, mais à quelle heure?

Sonntag 19.30 - dimanche - sept heures et demie
Mittwoch 11.45 - mercredi - midi moins le quart
Montag 14.15 - lundi - deux heures et quart
Samstag 12.00 - samedi - midi
Freitag 20.30 - vendredi - huit heures et demie
Dienstag 16.25 - mardi - quatre heures vingt-cinq
Donnerstag 18.00 - jeudi - six heures

Tout compris?

A **1.** Il est en retard. **2.** Quelle heure est-il? **3.** Ce ne sont pas mes affaires. **4.** Il est à qui? **5.** Il est cinq heures et demie. **6.** J'ai un cours de maths à 9 heures et quart.

B eévlè - **un élève;** maygnes - **un gymnase;** tancien - **une cantine;** essalc - **une classe;** suorc - **un cours;** énércrtoai - **une récréation;** orrétin - **une interro;** ropf - **un,e prof;** ruoc - **une cour;** idc - **un CDI**

TU TE RAPPELLES?

1. Tu **joues** avec moi?
2. Il est à l'infirmerie.
3. Elle est **en retard.**
4. Qu'est-ce qu'il y a à la cantine?
5. Il est **sept / 7 heures.**
6. Il est **chez** Alex.
7. Léo va au CDI.
8. Mme Barette est **prof(esseur)** d'allemand.
9. Léo va à **sa place.**
10. Aujourd'hui, c'est **mercredi.**
11. Ce ne **sont pas mes affaires.**
12. On ne fait pas ça! - **Mais si!**
13. Léo n'**a** pas **raison.**
14. Vous faites vos **devoirs**?

27 Aïe!

la natation - le bruit - une pièce - la cuisine - tout droit minuit - la salle de bains - un pied - le dix-septième - je voudrais - les toilettes - un théâtre

28 L'appartement

A **1.** la cuisine **2.** le salon **3.** la salle de bains **4.** les toilettes **5.** la chambre **6.** l'entrée

B Il est 19 heures. Je suis dans ma **chambre** et je fais mes devoirs. «A table!» Papa est dans la **cuisine** et prépare le repas du soir: des spaghettis. Super, j'arrive!! Maman a mal au pied, elle cherche un sparadrap dans la **salle de bains**. Grand-père est dans le **salon**: il regarde la télé. Ah, mon frère Pierre arrive: il est dans l'**entrée**. Et mon chien Roxy. Où est Roxy? Il est aux **toilettes**. Bizarre comme chien ...

29 C'est où?

1. un parc **2.** un stand **3.** une boulangerie **4.** la poste **5.** une piscine **6.** un café

30 Qui dit quoi?

Lucas: Aïe!
Cora: Merci beaucoup!
Stéphane: C'est vaiment trop nul!
M. Leblanc: Ça coûte combien?
Mme Messadi: Bonne journée, ma puce!

31 Les champions!

A Claire: la danse - Jeanne: la natation - Victor: le judo - Jamel: le théâtre - Léa: l'athlétisme - Gabriel: la guitare - Manon: le roller

B Jamel fait **du théâtre**. Léa, elle, fait **de l'athlétisme**. Manon fait **du roller**. Gabriel joue **de la guitare**. Jeanne fait **de la natation**. Victor aime les sports de combat: il fait **du judo**. Et Claire? Claire fait **de la danse**.

32 On fait un tour dans le quartier?

- On fait un tour dans le **quartier**?
- D'accord, on va faire du **roller**?
- Sur l'**avenue**?! Et les **voitures**!!
- ... et avec le **bruit**, c'est non! Tu as raison.
- Oh, regarde mon portable! J'ai un SMS de Samira. Elle est au **parc**.
- On prend un **taxi**?
- Ah, non! Le parc n'est pas **loin**. Il est dans le 17ᵉ arrondissement. Ça fait 5 minutes à **pied**!

33 Bonne journée!

1. C'est le matin. **2.** C'est l'après-midi. **3.** C'est le jour. / la journée. **4.** C'est la nuit / le soir.

34 Tôt ou tard?

1. Il est **déjà tard**. **2. Ce soir**, je fais de la guitare. **3. Le samedi**, je fais du judo. **4. Je passe la nuit** chez Marie. **5.** Il est **déjà minuit**.

35 Promos?!

- Bonjour, qu'est-ce que tu **prends**?
- Je **voudrais** une crêpe, s'il vous plaît. Ça fait **combien**?
- Une crêpe, c'est 2,20 €. Mais avec un **diabolo menthe**, ça fait quatre euros soixante pour toi.
- Merci, mais c'est trop. Je prends une crêpe.
- Mais avec un **jus de pomme**, c'est trois euros soixante-dix.
- Non merci. Une crêpe, s'il vous plaît!
- Une crêpe et une **eau minérale** pour trois euros soixante?
- Merci, mais je n'ai pas soif, monsieur. Je prends une crêpe!
- Tu n'as pas soif? Alors, une crêpe et une **gaufre** pour quatre euros quatre-vingt-dix?
- Zut! Le stand, c'est la catastrophe aujourd'hui! Au revoir!

36 Je cherche une boulangerie, s'il vous plaît!

1. D'abord, on va à gauche. **2.** Puis, va tout droit. **3.** Traverse l'avenue de Clichy. **4.** Puis, tourne à droite. **5.** Au carrefour, il y a un café. Et là, il y a une boulangerie.

Tout compris?

A la photo - porter - le numéro - gagner
B D'abord, je traverse le carrefour.
Puis, je tourne à droite.
Je tourne à gauche.
Puis, je vais tout droit.
C **1.** c) **2.** e) **3.** a) **4.** b) **5.** d)

TU TE RAPPELLES?

1. Il y a des activités pour **tout le monde**.
2. Marie n'habite pas **loin**.
3. Ils habitent dans un **appartement** de quatre **pièces**.
4. Je **voudrais** regarder la télé.
5. Qu'est-ce que tu fais **comme** sport?
6. Tourne à **gauche**.
7. Va **tout droit**.
8. **Comment est-ce que** tu tombes?
9. Sur le **portable** de Léo, il y a des SMS de Marie.
10. **Combien** ça coûte?

37 Ce ne sont pas mes vêtements!

1	B	L	A	N	C		
			2	N	O	I	R
		3	R	O	U	G	E
			4	B	L	E	U
			5	V	E	R	T
		6	J	A	U	N	E
			7	G	R	I	S

J'aime les **couleurs!**

38 C'est les vacances!

la casquette verte - trois jeans bleus - deux t-shirts gris - mon sac noir - mon pull vert et rouge

39 Alors, on range?

feiern: le bal - danser - le feu d'artifice - chanter
sich anziehen: la poche - le jean - la robe - la chemise - la veste
wegfahren: l'arrivée - la gare - les vacances

40 Les petits mots

1. pour **2.** quand? **3.** aussi **4.** peut-être **5.** enfin **6.** très **7.** quoi? **8.** hier **9.** surtout **10.** avant **11.** après

41 Les mots font la fête!

1. mauvais **2.** dernier **3.** intéressant **5.** content **6.** petit **7.** blanche

42 Des verbes pour les vacances

helfen - aider; sprechen - parler; treffen - rencontrer anrufen - téléphoner; geben - donner; fragen - demander; bleiben - rester; zeigen - montrer

Tout compris?

A **1.** un bal **2.** des feux d'artifice - la fête nationale **3.** un chapeau - une casquette **4.** bleu blanc rouge **5.** courriel **6.** chanteurs

B **1.** Un guide montre la tour Eiffel aux touristes.
2. La prof explique l'exercice à un élève.
3. Une grand-mère donne un gâteau à son chien.
4. Un garçon téléphone à sa copine.
5. Une fille demande l'heure à une dame.

TU TE RAPPELLES?

1. Le petit Gabriel est **vraiment** triste.
2. Marie, tu **aides** toujours tout le monde.
3. Les gens **vont au bal** et **dansent** dans la rue.
4. C'est super de **rencontrer** des gens sympas comme toi!!
5. **L'autre** fille, c'est sa sœur.
6. La musique n'est pas **mauvaise**. Elle est **bonne**.
7. Nous avons cherché ma **petite** sœur et mon **petit** frère.
8. Clara **reste** ici et range.

43 Les moyens de transport

A 1.	l'				A	**V**	I	O	N
2.	le	M	É	T	R	**O**			
3.	le		T	R	A	**I**	N		
4.	le					**T**	A	X	I
5.	le				B	**U**	S		
6.	la			G	A	**R**	E		
7.	le	T	I	C	K	**E**	T		

B Pour aller au collège, je ne prends pas **le bus**. Il ne va pas vite! Alors, je prends **le métro** à la station Louvre. Ma sœur aime le sport, alors elle va au collège en **vélo**. Pour aller travailler, mon père prend **le train** à la gare du Nord, mais aujourd'hui, il est en retard. Alors, il prend **un taxi**: c'est cher mais ça va plus vite! Et ma mère? Elle va demain à Berlin. C'est loin, alors, elle va prendre **l'avion**.

44 Quel est ce son?

1. Défense – bus **2.** avion **3.** métro – arrivée – marché **4.** neiger – kilomètre – mauvais **5.** collège – journée – écologique

45 Au marché aux puces

le vendeur: Bonjour, mademoiselle. **Vous désirez quelque chose**?
la cliente: Je cherche **un souvenir** pour une amie. Vous avez une idée?
le vendeur: Qu'est-ce qu'elle aime? Des livres, des affiches? J'ai **beaucoup de** choses intéressantes.
la cliente: Non, elle n'aime pas **lire**. Mais elle adore **écrire** des cartes postales.
le vendeur: **Pas de problème**. J'ai **par exemple** des cartes de la tour Eiffel, du Louvre …
la cliente: Vous avez aussi des cartes du Parc Astérix?
le vendeur: **Désolée**, je n'ai plus de cartes du parc.
la cliente: C'est dommage. Mon amie **adore** le Parc Astérix.

46 L'intrus

moderne – reportage – million – assistant

47 Quel temps fait-il?

1. Il pleut. / Il fait mauvais. **2.** Il neige. **3.** Il fait froid. **4.** Il fait chaud. **5.** Il y a du vent. **7.** Il fait beau.

48 Il fait beau?

il pleut – du vent – beau – 15 ° – froid – neige

49 Une carte postale de Paris

1. **Chère** Julie,
Un grand bonjour de Paris.
2. Oui, je suis ici avec ma cousine, et demain, nous allons **visiter** la tour Eiffel, comme des **touristes**.
3. A Paris, **il fait beau**: il fait chaud, et il ne **pleut** pas.
4. J'**adore** la vue **fantastique** de la tour Eiffel. C'est génial!
5. Je vais chercher un super **souvenir** de Paris pour toi.
Bises
Lola

Tout compris?

A **1.** Un musée **2.** Ville **3.** Il fait beau. **4.** A une station. **5.** C'est pas cher. **6.** Une cathédrale. **7.** Un quartier moderne **8.** Beaucoup de touristes.

B 1. J'**adore** les **boutiques** sur la tour Eiffel. 2. Pour aller au **Louvre**, je prends le bus ou le **métro** à la **station** Louvre-Rivoli. 3. Nous allons **visiter** Paris en vélo. C'est un **moyen** de transport **écologique**. 4. Le Louvre est un grand **musée** où vont beaucoup de **touristes**.

50 Les mots de l'école

1. rentrée 2. récréation 3. cour 4. liste 5. résultats 6. emploi du temps **Le mot mystère:** nouveau

51 Ça s'écrit comment?

A vr**ai** – avoir l'**ai**r sympa – b**ê**te – la poub**ell**e – la devi**n**e**tt**e – la sixi**è**me – Le derni**er** jour – m**ê**me – Il **est** en col**è**re – Ça m'én**er**ve. – avoir un probl**è**me – la t**ê**te

B 1. bête 2. avoir l'air sympa 3. Le dernier jour. 4. vrai 5. même 6. Il est en colère. 7. Ça m'énerve. 8. la sixième 9. la devinette 10. la poubelle 11. la tête 12. avoir un problème

52 Une star?

1. Maxime adore le **cinéma**.
2. Le samedi, il va voir des nouveaux **films**.
3. Une **actrice** de cinéma qu'il aime beaucoup, c'est Maria Toscanini.
4. Elle a les yeux **marron** et les **cheveux roux**.
5. Elle a joué dans «La Boulette», un film très **drôle**.
6. Mais Sarah, la copine de Maxime, trouve cette actrice **bête**, peut-être parce que c'est une belle **femme**?

53 Ils vont bien?

1. Il est en colère. 2. Elles sont en forme. 3. Elle est triste. 4. Il est drôle.

54 Pierre, le nouveau

Pierre est le **nouveau** de la classe. Il est un peu **timide** et a **l'air triste**. Il ne parle pas beaucoup. Derrière Pierre, il y a Myriam, une fille très sympa. Elle regarde Pierre et **pense**: «Il a peut-être **un problème** Pierre ...»

Myriam: Ça ne va pas, Pierre?

Pierre: Non, je n'aime pas ce collège. Tout le monde est **bête** avec moi ici.

Myriam: Je **comprends** mais ce n'est pas **vrai**. Viens après avec moi dans la cour et tu vas rencontrer mes copains. Ils sont très sympas et **drôles**!

55 En classe

1. acteur 2. papiers 3. tête 4. yeux

56 Avec ou sans?

1. avec 2. content,e 3. faux, fausse 4. là-bas 5. rien 6. mauvais,e 7. brun,e 8. un homme

57 Des mots pour le dire

1. e) 2. h) 3. i) 4. g) 5. a) 6. f) 7. d) 8. b) 9. c) 10. j)

Tout compris?

A 1. Elle n'est pas en forme./ Elle va mal. 2. en quatrième. 3. Je n'ai pas compris./ Vous pouvez répéter, s'il vous plaît? 4. Tu es bête!

B 1. b) 2. a) 3. d) 4. c)

C 1. Tu aimes le **cinéma**? 2. Cette **devinette** est très drôle. 3. Gaspard a les **cheveux blonds**. 4. Johnny Depp est une **star** de cinéma. 5. Au collège, il y a un **nouveau**, Julien.

TU TE RAPPELLES?

1. C'est la **rentrée**!
2. Je suis **en forme**.
3. Tu es dans **quelle** classe?
4. Lui, un **acteur**?
5. Il **ressemble** vraiment à Julien.
6. Tu **as l'air** triste
7. C'est la **même chose**.

58 Des histoires comme au cinéma!

A 1. sombre 2. dangereux 3. fermé 4. malheureux 5. mystérieux 6. heureux 7. courageux 8. oublié 9. seul 10. curieux

B 1. dangereux 2. heureux 3. malheureux 4. curieuse 5. courageuse 6. sombre

59 L'empire du vampire!

1. visite 2. souterrain 3. mort 4. peur 5. pierre 6. sombre 7. fermée

60 Contraire ou synonyme?

1. ouvrir ≠ fermer **2.** demander ≠ répondre
3. l'entrée ≠ la sortie **4.** monter ≠ descendre
5. malheureux = triste **6.** appeler = téléphoner

61 Trois histoires

Reisen: un voyage , un groupe, un guide, une visite
Mangas: les mangas, le dessin, le dessinateur, une page
Totenreich: un crâne, mystérieux, avoir peur, les souris, sombre, les couloirs

62 Les dessins qui parlent ...

1. un crâne **2.** attention **3.** un train **4.** un avion
5. un chapeau **6.** des os **7.** mort **8.** un bras
9. un escalier **10.** une souris
Mot mystère: catacombes

63 Histoires de verbes

1. ouvrir **2.** entendre **3.** voir **4.** perdre **5.** appeler
6. descendre

64 Des petits mots

1. souvent **2.** depuis **3.** quelqu'un **4.** A propos
5. presque **6.** contre **7.** tout à coup

Tout compris?

A **1.** des pages / des dessins **2.** des souterrains. / des crânes / des couloirs **3.** un guide. / une visite. / un voyage. **4.** Bonne chance!
5. depuis une heure. / quelqu'un. / presque deux heures. **6.** les égouts.
B **1.** un voyage mystérieux **2.** des crânes oubliés **3.** une grille ouverte **4.** un dessinateur malheureux **5.** J'en ai marre!
C **1.** attendre un coup de téléphone **2.** avoir peur d'un vampire **3.** ouvrir une porte **4.** descendre un escalier **5.** avoir des idées noires

TU TE RAPPELLES?

1. On voit **quelque chose**?
2. Tu as **peur des** serpents?
3. Il fait **sombre** dans les catacombes.
4. Tu attends **quelqu'un**?
5. Tu **as perdu** ton groupe?
6. Regarde, elle **descend** de la voiture.
7. – Tu n'as plus envie de visiter **les catacombes**?
8. – Non, **j'en ai marre**.
9. Les enfants **montent** dans le bus.

65 Anna n'a pas bien travaillé.

1. Anne regarde son bulle**tin**.
2. Elle n'a pas bien préparé sa leçon de **géo**gra**phie**.
3. Bien sûr, elle a une mauvaise **no**te à son **ex**posé.
4. Son prof a laissé un **mes**sage dans son car**net** de correspondance.
6. Anne ne va pas avoir la **moy**enne ce **tri**mestre.
7. Lucie et Gaspard vont aider Anne à avoir un bon résul**tat** à sa prochaine **in**terroga**tion**.

66 Les mots du collège

1. note **2.** message **3.** permanence **4.** tableau
5. moyenne **6.** article **7.** surveillant **8.** trimestres
Le mot mystère: bulletin

67 Réponds!

1. Ça ne me dit rien. **2.** J'ai envie d'aller au cirque.
3. J'aimerais mieux jouer au foot. **4.** Pourquoi pas?

68 Des intrus

une piste – un pays – la course – la vie – une dispute

69 Une course

1. course **2.** sportif **3.** arrêter **4.** fatigué
5. applaudissements – félicite

70 En un mot

le professeur – la récréation – une information – la professeure – l'ordinateur – la géographie

71 Quels sont les verbes?

1. organisé **2.** participer – vu **3.** apprends **4.** félicité **5.** venus – retournés

Tout compris?

A **1.** vont en permanence. **2.** 0 à 20. **3.** un tableau et des chaises. **4.** les élèves changent de classe. **5.** notent leurs devoirs. **6.** apprennent des nouveaux mots. **7.** les pays pauvres. **8.** Ce n'est pas trop mon truc.

B **1.** félicitent **2.** faim – pays **3.** Plusieurs – participent **4.** succès **5.** applaudissements

TU TE RAPPELLES?

1. Après chaque cours, les élèves le **succès**.
2. Marie a oublié son **cahier de texte.**
3. Je voudrais **participer** à la course.
4. Ça **ne me dit rien.**
5. Je voudrais **quelques** informations.
6. **Vas-y**!
7. Il veut continuer **longtemps**.
8. Il ne veut pas **arrêter** avant les autres.
9. Ils veulent **revenir** l'année **prochaine**.
10. Le sportif aime le **succès**.

72 J'ai faim

1. fruit **2.** dessert **3.** viande **4.** fromage **5.** citron **6.** salade **7.** sucre **8.** saucisson **9.** œuf **10.** yaourt **11.** tomate **12.** olives

73 Ça va ensemble?

1.	2.	3.	4.	5.	6.	7.	8.	9.	10.	11.	12.	13.	14.
E	E	B	B	F	B	A	C	B	A	F	F	B	D

74 Il en faut combien?

1. bouteilles **2.** kilo **3.** grammes **4.** cuillères **5.** verre

75 Un repas

manger: 5
mettre la table: 4
faire la cuisine: 3
écrire une liste: 1
faire les courses: 2

76 Qu'est-ce qu'ils disent?

1. repris / bu **2.** C'est à qui? **3.** rien acheter. / pas payer. **4.** passer / donner **5.** dans la lune **6.** difficile

77 On met la table.

1. le pain **2.** une bouteille **3.** un verre **4.** une fourchette **5.** une assiette **6.** une salade **7.** un couteau **8.** une cuillère **9.** une serviette

78 Les contraires

A le silence ≠ le bruit
être triste ≠ rigoler
mauvais ≠ bon
concentré ≠ dans la lune
cher ≠ gratuit
jamais ≠ toujours
pas encore ≠ déjà
difficile ≠ facile

B **1.** Chut! Il faut du **silence** pour faire des exercices **difficiles**. **2.** – J'ai fait un gâteau au saucisson. Hmm, il est **bon**. – Tu es fou! Un gâteau au saucisson?!, c'est **mauvais**! **3.** Est-ce que Léo est allé chercher du pain? – Oui, mais il oublié son vélo devant la boulangerie! Il est vraiment **dans la lune**, c'est sûr! **4.** – Alors, qu'est-ce que vous en pensez, est-ce que l'interro a été **facile**? – Oui, le français, ce n'est pas **difficile**, je vais avoir une super note!

79 Il en faut combien?

1. 404; **2.** 171; **3.** 196; **4.** 189

80 Une invitée difficile ...

1. espère **2.** préfère **3.** bois – vais chercher; **4.** goûter – n'ai pas le temps

Tout compris?

A **1.** du chocolat. / du pain.
2. du lait. / une bouteille de jus de fruits. / du café.
3. du sucre. / de la farine. / des œufs.
4. le plat principal.
5. des assiettes. / des fourchettes.
6. une serviette. / un rince-doigt.

B un(e) invité(e) – le chocolat – le beurre – payer – goûter

C **1.** Il peut boire un litre de jus de fruits.
2. Est-ce que je peux goûter le gâteau que tu as fait?
3. Dans le sac, il y a deux kilos de pommes de terre.
4. Il ne faut pas oublier l'huile dans la salade de tomates.

TU TE RAPPELLES?

1. **Fou** de cuisine.
2. Papa **fait les courses**.
3. **Il faut** tout préparer.
4. Les moules, c'est très **facile**.
5. Et voilà, **les invités** sont arrivés.
6. Il **n'a jamais** mangé de moules.
7. Après l'entrée, il y a **le plat principal**.
8. Tu **me passes** le pain, s'il te plaît?

81 Vive la mer!

1. bateau **2.** vague **3.** phare **4.** soleil **5.** nager **6.** sable **7.** mer **8.** skimboard **Solution:** la plage

82 Les quatre saisons

1. l'automne **2.** l'été **3.** l'hiver **4.** le printemps

83 En route pour les vacances!

1. une autoroute **2.** une aire de repos **3.** le départ **4.** un bouchon **5.** une région **6.** le péage

84 Un coup de soleil

Je suis en vacances à Arcachon, dans le sud-ouest de **la France**. Nous habitons dans **un gîte** près de la dune du Pilat. Je dors sur **un canapé**. **Ma fenêtre** donne sur **un arbre** dans le jardin. Dans ma valise, j'ai **un baladeur mp3**, une radio et **un ballon**. Papa crie : « En voiture! On va à Bordeaux. » Il a fait des sandwichs pour **la pause**. Ce soir, on mange **des huîtres**, puis **une glace** pour le dessert.

85 Ça va ensemble?

1. Il va **lancer** un ballon. **2.** Il **envoie** un SMS. **3.** Ils **disent** bonjour. **4.** Le cadeau lui **plaît**.

Tout compris?

A **1.** l'hiver **2.** le printemps **3.** l'été **4.** l'automne

B **1.** vagues **2.** dune – sable **3.** mer – bateau **4.** bord – plage

C **1.** sur l'autoroute. **2.** on fait une pause. **3.** comme un hôtel. **4.** une glace.

D **1.** Ma fenêtre donne sur le jardin. **2.** Ça m'intéresse. **3.** J'envoie un SMS. **4.** Je lance un ballon.

TU TE RAPPELLES?

1. C'est les vacances de **printemps**.
2. Dans le sud-ouest de la France, il y a de jolies **plages**.
3. Papa, je voudrais mettre **la radio**.
4. Il fait très chaud **au soleil**.
5. La fenêtre donne sur le **jardin**.
6. Jérôme dit que ce n'est pas **juste**.
7. Sur la plage, les gens jouent **au ballon**.
8. Alex tombe sur **le sable**.
9. Les vagues **emportent** mon skimboard.
10. J'ai mal à la jambe et au **dos**.
11. Tu n'es pas **de la région**?

86 Mots croisés

1. médias **2.** jeune **3.** net **4.** courriel **5.** portable **6.** contact **7.** surfer **8.** site
Le mot mystère: J'adore surfer sur **Internet**!

87 Le journal de notre collège

l'équipe – les sujets – la prochaine édition – le rédacteur de sport – la rédactrice de mode – le coin @ – notre contact

88 Un coin pour tous

sur le net
un blog – un site – surfer – un courriel
la musique
un instrument – un festival – une mélodie – le rythme
A la télé
une comédie – une série télévisée – un dessin animé – un film d'horreur

89 Contraire ou synonyme?

1. partir = sortir **2.** simple = facile **3.** long ≠ court **4.** donner ≠ recevoir **5.** perdre ≠ gagner **6.** difficile ≠ simple **7.** dormir = aller au lit **8.** le net = internet **9.** un ordi = un portable

90 Nous aimons le cinéma.

1. Jean Dujardin est un acteur très **connu**. Il a plus de 500.000 fans sur Facebook.
2. Aller au cinéma, c'est très **important** pour moi. J'adore les **vieux** films en noir et blanc.
3. Quel est ton film **préféré**? – C'est «Bienvenue chez les Ch'tis», un film très drôle.
4. Trouver des bons films, c'est facile. Tu cherches sur Internet, c'est très **simple**!
5. Tu n'aimes pas les films? C'est un peu **spécial** je trouve. – Oui, je suis **différent**.

91 Qu'est-ce que tu dis quand...

1. C'est mon tour. **2.** Ce n'est pas mon style. **3.** Oh là là, attention! On n'a pas le droit! **4.** Bon courage! **5.** C'est à la mode! **6.** Vous n'êtes vraiment pas drôles!

92 Un groupe pas comme les autres ...

1. voix **2.** la batterie **3.** l'harmonica – violon **4.** saxophone

93 Un reportage sur le festival du cinéma

a lieu – dois – passe – passe – se déroule – imaginer – a reçu – gagne

94 C'est important dans la vie

1. métier **2.** dormir **3.** l'amour **4.** style

Tout compris?

A une rédactrice – une édition – un coin – un sujet
B **1.** d) **2.** a) **3.** e) **4.** b) **5.** c)
C jouer d'un instrument
passer un film au cinéma
imaginer une histoire
recevoir un prix
D **1.** Bon courage! / Bonne chance! **2.** C'est à la mode. **3.** C'est mon tour.

TU TE RAPPELLES?

1. Coralie est dans l'**équipe** du journal «Boléro».
2. Voici notre dernière **édition**.
3. **Bon courage**!
4. J'aime **surfer** sur Internet.
5. Sa **voix** est belle et cool!
6. Ils **passent la nuit** à chatter.
7. C'est difficile à **imaginer**.
8. Pizzas **à emporter**!
9. Tu as **reçu** ma lettre?
10. L'homme demande de l'**argent**.
11. Ce film **passe** cette semaine au cinéma.

95 Simple comme bonjour?

clown – sérieux – atelier, cirque – l'équilibre – jongler – balles – seulement

96 La fête du sport

1. la corde molle **2.** la parachutisme **3.** le trampoline **4.** l'escrime

97 SNIF!

1. fini **2.** réfléchis **3.** choisi **4.** choisir **5.** réussis

98 Des rêves plein la tête

1. argent **2.** un cheval **3.** biologiste **4.** la campagne

99 Qu'est-ce qu'on dit?

1. Ne t'en fais pas! **2.** Ce n'est pas possible. **3.** Je suis de ton avis. **4.** Qu'est-ce qui se passe?

Tout compris?

A **1.** à jongler **2.** une activité
B **1.** J'aime faire du parachutisme. **2.** Je sais jongler avec trois balles. **3.** J'ai peur du saut à l'élastique **4.** Je suis dans un club des arts du cirque.
C **1.** Ce n'est pas grave. On va trouver une solution. **2.** Ne t'en fais pas. Ce n'est pas dangereux. **3.** Qu'est-ce qui se passe? Tu es triste? **4.** De rien. **5.** Je suis de ton avis, ce n'est pas facile.